高等职业教育"互联网+"新形态一体化教材

非遗 文化创意产品设计

张彰 臧国超 ○ 主　　编
吴颖露 任慧敏 赵中华 ○ 副主编
韦文波 刘雷 翟橙 彭林 刘灵 ○ 参　　编

机械工业出版社
CHINA MACHINE PRESS

本书共分为五章，分别是"概述""文创产品设计的分类和特点""非物质文化遗产的生产性保护特点和分类""非遗文创产品设计的原则、思路及方法""非遗文创产品设计案例解析"。书中采用了大量的产品示例进行方法阐释，从实践的视角帮助读者了解非遗文创产品设计的内容、思路、方法等。

本书适合作为高职和本科院校产品艺术设计、工业设计、工艺美术设计、软装配饰设计等专业的教材。

为方便教学，本书配有二维码微课视频，读者扫描书中二维码即可观看。

本书配备电子课件，凡选用本书作为教材的教师均可登录机械工业出版社教育服务网www.cmpedu.com下载，咨询电话：010-88379375。

图书在版编目（CIP）数据

非遗文化创意产品设计 / 张彰，臧国超主编.— 北京：机械工业出版社，2023.3（2025.6重印）
ISBN 978-7-111-72415-5

Ⅰ.①非… Ⅱ.①张… ②臧… Ⅲ.①非物质文化遗产—文化产品 – 产品设计 – 教材 Ⅳ.①G12

中国国家版本馆CIP数据核字（2023）第063966号

机械工业出版社（北京市百万庄大街22号　邮政编码100037）
策划编辑：杨晓昱　　　　责任编辑：杨晓昱　马新娟
责任校对：张爱妮　葛晓慧　封面设计：马精明
责任印制：单爱军
中煤（北京）印务有限公司印刷
2025年6月第1版第5次印刷
184mm×245mm・7.25印张・1插页・105千字
标准书号：ISBN 978-7-111-72415-5
定价：46.00元

电话服务　　　　　　　　网络服务
客服电话：010-88361066　　机　工　官　网：www.cmpbook.com
　　　　　010-88379833　　机　工　官　博：weibo.com/cmp1952
　　　　　010-68326294　　金　书　网：www.golden-book.com
封底无防伪标均为盗版　　　机工教育服务网：www.cmpedu.com

前 言

非物质文化遗产（简称非遗）作为世界各民族传统文化的珍贵记忆，是人类的精神家园，是人类生存发展得以传承的基础之一。联合国教科文组织认为，"无论是有形文化遗产还是无形文化遗产，都应该在确保文化遗产不被破坏的前提下，尽可能进入市场，通过切实可行的市场运作，完成对文化遗产的保护及其潜能的开发，以实现文化保护和经济开发的良性循环互动"。

党的二十大强调"推进文化自信，铸就社会主义文化新辉煌"。我国历史悠久，幅员辽阔，由于不同的地理环境，各地产生的文化也大不相同，流传至今的非物质文化遗产也丰富多样，有以传统口头文学以及作为其载体的语言，有传统美术、书法、音乐、舞蹈、戏剧、曲艺和杂技，有传统技艺、医药和历法，也有传统礼仪、节庆等民俗，还有传统体育和游艺等。

近年来，文化创意产品（简称文创产品）设计理论与方法研究得到了深入发展，产品开发模式也变得多样化，非物质文化遗产融入生活，融入文创产品，才能最大限度地实现其内在价值。如何在传承非物质文化遗产的基础上，打造独具特色的文创产品，挖掘非物质文化遗产的内涵与价值，进而弘扬中华优秀传统文化，是一个重要的研究课题。

本书采用理论与实践相结合的方式对非遗文创产品设计进行了探讨。本书第一章探寻了非遗文创产品的开发，讲述了非遗文创产品的设计实践与评估要求。第二章和第三章详细介绍了文创产品设计的分类和特点，以及非物质文化遗产的生产性保护特点和分类。第四章介绍了非遗文创产品的设计，如设计原则、设计思路、设计方法。第五章主要是对非遗文创产品设计的具体案例进行解析，重点介绍了"品物流形"产品设计案例，"上下"产品设计案例，"看见造物"产品设计案例，以及师生设计案例，着重分析了文创产品的设计思路、现状、分类、策略等，对非遗文创产品创新设计产业化发展思路进行了研究和实践。

本书由张彰和臧国超主编，全书由张彰统稿。其中，第一章由广州工程技术职业学院吴颖露编写，第二章由广西机电职业技术学院张彰编写，第三章由安徽工商职业学院赵中华和广西机电职业技术学院任慧敏共同编写，第四章、第五章由广州工程技术职业学院臧国超编写，第五章师生设计案例由广州工程技术职业学院"谭展鹏—黄敏健广绣技能大师工作室"、广西机电职业技术学院张彰、任慧敏和苏州工艺美术职业技术学院刘雷提供。

本书在编写过程中得到了同行们的支持和机械工业出版社的帮助，在此一并向他们表示诚挚的谢意。受限于编者自身水平，书中难免会有不足，敬请广大读者指正。

编 者

二维码清单

微课	二维码
微课 1-1　非遗文创产品的开发	
微课 1-2　非遗文创产品的设计实践与评估要求	
微课 2-1　文创产品设计的分类	
微课 2-2　文创产品设计的特点	
微课 3-1　非物质文化遗产的生产性保护特点	
微课 3-2　非物质文化遗产的分类	

（续）

微课	二维码
微课 4-1　非遗文创产品的设计原则	
微课 4-2　非遗文创产品的设计思路	
微课 4-3　非遗文创产品的设计方法	
微课 5-1　"品物流形"产品设计案例解析	
微课 5-2　"上下"产品设计案例解析	
微课 5-3　"看见造物"产品设计案例解析	

目录

前言
二维码清单

壹 概述

非遗文创产品的开发 ...002
一、文创产品的定义 ...002
二、非物质文化遗产的定义 ...002
三、非遗文创产品的开发目的 ...003
四、中国造物文化的内涵 ...004
五、中国非遗文创产品的开发现状 ...006

非遗文创产品的设计实践与评估要求 ...007
一、非遗文创产品的设计实践 ...007
二、非遗文创产品设计实践的评估要求 ...009

贰 文创产品设计的分类和特点

文创产品设计的分类 ...012
一、原生态文创产品设计 ...012
二、手工艺文创产品设计 ...015
三、工业化文创产品设计 ...017
四、艺术衍生文创产品设计 ...021

文创产品设计的特点 ...023
一、地域性 ...025
二、故事性 ...028
三、独特性 ...031
四、多样性 ...035

叁 非物质文化遗产的生产性保护特点和分类

非物质文化遗产的生产性保护特点 ...042
一、活态传承 ...042
二、原生保护 ...042
三、整体保护 ...043
四、差异保护 ...043

非物质文化遗产的分类 ...044
一、传统口头文学及作为其载体的语言 ...044
二、传统美术、书法、音乐、舞蹈、戏剧、曲艺和杂技 ...045
三、传统技艺、医药和历法 ...047
四、传统礼仪、节庆等民俗 ...048
五、传统体育和游艺 ...048
六、其他非物质文化遗产 ...048

肆 非遗文创产品设计的原则、思路及方法

非遗文创产品的设计原则 ...050
一、立足文化内涵 ...050
二、传承传统工艺 ...055
三、突出地域性文化 ...066
四、创新开发文化产品 ...068

非遗文创产品的设计思路 ...069
一、提取传统元素 ...069
二、表达文化内涵 ...071

非遗文创产品的设计方法 ...073
一、造型与功能创新设计 ...073
二、科技与材料创新 ...074
三、题材与品牌创新 ...076

伍 非遗文创产品设计案例解析

"品物流形"产品设计案例解析 ...082
一、纸品设计案例 ...082
二、竹品设计案例 ...086

"上下"产品设计案例解析 ...089
一、竹编设计案例 ...089
二、羊毛毡设计案例 ...091

"看见造物"产品设计案例解析 ...093
一、黑陶设计案例 ...093
二、榫卯设计案例 ...094

师生设计案例 ...095
案例一:广绣在服饰品中的设计案例 ...095
案例二:坭兴陶元素在首饰中的设计案例 ...098
案例三:苏州园林元素在首饰中的设计案例 ...101

参考文献 ...106

壹 概述

非遗文创产品的开发

一、文创产品的定义

文化创意产品（简称文创产品）是随着知识经济时代的来临，针对现代生活方式而设计的具有文化内涵的创意产品，是创造文化经典、体现生活品位的产品创新的灵魂所在。正如台湾创意设计中心时任董事长、台湾艺术大学设计学院林荣泰教授所说，文创产品其实是文化、设计与创意的结合体，文化代表的是一种生活形态，设计是一种生活品位，而创意是经由感动的一种认同。文创产品就是把所蕴含的文化内涵通过创意，由产品来承载的一种设计品位和生活形态的展现方式。它不仅满足物质层面的需求，更强调使用中精神层面的满足。

二、非物质文化遗产的定义

根据联合国教科文组织的定义，非物质文化遗产（简称非遗）是指"来自某一文化社区的全部创作，这些创作以传统为根据，由某一群体或一些个体所表达，并被认为是符合社区期望的作为其文化和社会特性的表达形式,其准则和价值通过模仿或其他方式口头相传"。

我国于2011年2月25日公布了《中华人民共和国非物质文化遗产法》,该法第二条规定:"本法所称非物质文化遗产,是指各族人民世代相传并视为其文化遗产组成部分的各种传统文化表现形式,以及与传统文化表现形式相关的实物和场所。"

三、非遗文创产品的开发目的

德国思想家赫尔德强调文化是维系民族健康并能可持续发展的根源,可以说文化是民族一脉相承的符号与印记,是生命繁衍不息的基因图谱,是人类发展过程中文明的集成。美国人类学家弗朗兹·博厄斯认为民族文化有其独特的生活方式和风格特征,可以将这些方式和特征借助所生产的各种文创产品来综合表现。这正如谈起美国文化,就会联想到好莱坞电影、可口可乐、麦当劳、李维斯牛仔裤等大众文化产品;而说起中国文化,很多人脱口而出的就是国画书法、京剧昆曲、传统刺绣(见图1-1)、中医针灸等代表中国传统技艺的非物质文化遗产。

因此,非遗文化创意产品的开发,并不是简单地复制藏品,而是要研究今天人们需要的信息和生活的需求。这需要挖掘非遗文化的内涵,寻找其与当下社会生活的对接点,用文化影响人们的生活,探求非遗文创产品在现代生活中的可持续发展之路。

图1-1 广绣（陈少芳大师作品）

四、中国造物文化的内涵

中国的造物文化从中国的工艺文化开始，是中华文明的重要组成部分，有着悠久的历史和辉煌的成就，国人谈论起来总是如数家珍，可以从远古的石器说起，历数制陶、髹漆、青铜、琢玉、烧瓷和金银器具，再到红木家具、文房四宝（见图1-2），乃至官殿庙堂、宗祠宅居，以及各种富有情趣的民间工艺品。有些研究还会细述工艺制作过程中的精微之处，以及历代使用器物的不同规范和名堂。这样的谈论至今依然能够在多个场合听到，而在历朝先贤笔记著述中对相关知识和常识的记录，虽然不如《考工记》《齐民要术》《天工开物》那么集中和专业，但也均有较为详尽的记录。

概述

事实上,由中国原始造物艺术延续而来的工艺文化,从其伊始便与人们的社会生活有着密切的联系,具体的器物所体现的技艺与尺度构成的物与物、人与物关系的和谐空间,不断地规范和调整着人们社会生活的行为方式和思维方式,却又因与人们的日常生活密切相伴而显得平凡。人们对生活里的器物及其相关知识非常熟悉。中国民间的知识体系就是在这样的物质性的社会生活基础之上逐渐累积构筑起来的,并且是经过长期积累的运用而得到反复印证的博大精深的系统知识。尤其是内中所蕴含着的关于宇宙、自然、环境、材料、技艺、造型、利用、传承等的认识和实践的智慧,将会在当今科学发展进程中起到积极而重大的作用。

图1-2　文房四宝

五、中国非遗文创产品的开发现状

我国非物质文化遗产的文化内涵与艺术元素十分丰富，既包括文字符号、地方特色历史建筑（构筑物）、民俗用品、文具、生产生活工具，也包括历史典故、人文传说等。当前我国各地区对富有特色的非物质文化遗产均开展了文化内涵与艺术元素的收集、整理、研究等工作，在设计与开发非遗文化创意产品的过程中做了大量的探索。开发领域主要有"平面艺术设计""家居旅行用品设计""服饰设计"等。比如，国内各旅游热点地区纷纷自行研发具有一定中国传统文化、地方特色的旅游纪念品和实用型日用产品。北京、天津、西安、上海、南京、广州、杭州、重庆、四川、云南等旅游热点省市的博物馆自行设计研发了大量的文化创意产品。值得注意的是，由于这些旅游创意产品主要由各地自行主导设计研发，一些产品在设计中缺乏科学化的设计分析和设计理论指导，特别是对于文化内涵的表现较为弱化，创新与创意不足，设计水平参差不齐。

概述 壹

非遗文创产品的设计实践与评估要求

一、非遗文创产品的设计实践

1. 发展与创新

非遗文创产品的设计已经不仅仅局限在旅游纪念品或工艺品的设计等方面，消费者更青睐有实际使用功能的创新产品，如茶器、花器、餐具、文具（见图1-3）、玩具、首饰等。

非遗文创产品的设计开发可以分为改良型设计和创新型设计两大类。改良型设计是指把市场现有的产品进行改进，提高使用效率，增强用户体验，注入更多的文化特质；而创新型设计在某种程度上更具有挑战性，通过对用户使用产品

图1-3　广东省博物馆水下考古系列书签

过程的剖析，发现新的介入点，重新研发一个能够解决问题的产品，这无论对于文创产品还是工业产品都是一个很大的卖点。文创产品的核心是传递文化，如果再加上合理的功能创新，将会使产品具有双重亮点。

2. 传统与继承

设计师在设计一款非遗文创产品时，除了收集原生视觉符号外，还应关注某地、某时期以及某类人群的生活习惯、工作习惯和文化传统。习惯和传统的收集往往是抽象的、非视觉化的，需要设计师通过走访、问卷等多种方式获取。一款充分继承了传统和习惯，并符合当代审美的文创产品往往具有更大的附加值，能够对应用户尊重和自我实现的心理层级，也让用户在使用过程中时时"品尝"到几百年甚至几千年前的"文化果实"。

3. 关联与转化

对文学、绘画作品中的物体、首饰、人物衣着、陈设等细节元素，以符合当代消费者审美需求的方式进行关联，实现从文字或者平面到三维的转换，同时为用户带来"时空转换"的特殊情感体验，非遗文创产品的脚本性、故事感因此得到强化（见图1-4）。

同时，二维的原生符号经过加工处理后，以三维或者局部三维的方式呈现，利用光学错觉和视觉错觉给用户"魔术感"，可以为产品增添使用乐趣。

图1-4 粤剧人物笔套（设计者：杨惠娇）

二、非遗文创产品设计实践的评估要求

1. 呈现非遗文化的方式要灵活

该要求是对非遗文创产品设计的操作要求，不同的产品要选择合适的非遗文化元素。在实践形式与方法上，不同的非遗文化元素对产品的表现效果各有不同。

2. 设计创意与用户需求统一

非遗文创产品设计要注重创意性和实用性。前者是其价值的来源，后者是其赖以生存和发展的基本要素。

3. 创意与非遗文化的特性相结合

创意是设计师对其作品的思考与表达，而基于非遗文化的产品设计在创意构思之初就要明确非遗文化的文化属性和相应的表现形式，做到创意和文化功能相结合。

4. 使用户的情感愉悦度上升

现代产品设计一般都是消费观念的产物，对于以销售和市场为主导的商品，都应考虑使用者的体验与审美需求，因此，非遗文创产品设计既要注重美感应用，又要注重用户体验需求的整体性。

5. 重视细节设计

非遗文创产品设计自身要素较多，其不是传统的设计产品或者单独的创意表现，而是在非遗文化模式的框架上进行产品的综合实现。其细节来源较多，好的产品细节往往体现出设计者对产品的用心和对用户需求的了解，使用户感到舒适。

贰

文创产品设计的分类和特点

文创产品设计的分类

文创产品的设计并不是漫无目的的，而是在于文化的创意表现，产品兼具艺术性和实用性，甚至超出其内在价值。我们可以将文创产品设计大致分为四大类：原生态文创产品设计、手工艺文创产品设计、工业化文创产品设计、艺术衍生文创产品设计。

一、原生态文创产品设计

原生态文创产品设计是指将按照自然发展规律生存下来的事物，进行文化创意设计后呈现出来的状态。如今，原生态文创产品设计因具有回归自然的象征意义而成为一个流行用语，传达了人们想回归自然及纯朴生活的精神信念。在设计风格多元化的发展趋势下，原生态文创产品设计作为绿色设计的一个突破口，被越来越多的设计师采用。中国文人志士自古以来就认为人与自然是一个统一的整体，两者相互依存。比如，庄子提出的"天人合一"的哲学思想就体现了这一理念。老子提出"见素抱朴，少私寡欲"，"朴"是不经修饰保持自然的形态，顺应造物之美。这些都说明物质本身具有美的本质，无须做过多的后天加工处理，可保持其自然本

文创产品设计的分类和特点

性之美。

如今，随着经济的快速发展，环境污染、资源浪费、生态破坏问题日益突出。人们尝试在经济发展的过程中探寻"自然""和谐"的生态环境和生活方式。因此，设计师运用原生态设计理念，因地制宜，遵循自然的发展规律，减少人为的干扰，尽最大可能在设计中保留事物原有的状态。

根据原生态文创产品设计尽可能保持事物原有形态这一理念，我们可以从自然造型着手，分别从材料、形态、质感、色彩等几个方面进行设计。从材料上讲，可采用自然材料，选用自然界中的木材、藤、棉、麻等天然材料（见图2-1）。从形态上讲，以自然材料本身的生长规律作为造型的方式。这种造型能保证材料本身的生长迹象，形成自然美感，给人质朴、厚实、天然的感受。从质感上讲，材质的触觉特性能很好地触动人心。在加工工艺上，自然材料能避免人为痕迹过重，保证质感的自然属性。例如，保持竹节的

图2-1 原生态文创产品设计采用的材料

造型，以体现产品的沧桑感。不同材料的特殊纹理也能表现美感（见图2-2）。从色彩上讲，以材料的固有色为主，装饰色为辅。这些自然材料的固有色色泽均衡、朴素，材料的识别性强。最后，从自然美学的角度来讲，在产品造型设计阶段，也可进行人为提炼，在保证自然属性的同时给观赏者"原生态"的体验。

原生态文创产品的设计理念，重在体现产品设计的视觉表现和受众的内心感受，强调文创设计与人之间的情感特性。当这种情感体现为自然、亲近、顺其自然，让人们产生愉悦感时，原生态文创产品的设计目的就达到了。

图2-2 梵几·椅子设计

二、手工艺文创产品设计

我国的民间手工艺有着悠久的历史，其文化形式种类丰富，地域特征浓郁。这些具有浓郁乡土气息的民间手工艺，从艺术的角度反映了民族特色和本土精神，反映了民族核心价值观，是人类宝贵的文化遗产。在追求个性化的今天，传统手工艺以其独特的艺术魅力越来越受到国内外消费者的青睐。

民间的手工艺工匠通常将自己的物质需求和精神需求作为主要审美取向，将自己对世界的向往诉诸艺术形式。民间在进行艺术作品创作时，对美的追求是非常强烈的，创作者对美的认识与表达也不尽相同。但对于民间艺术创作而言，美的存在，一定是善良的，是天然和纯净的，这正是美与善的完整统一。当代优秀的民间艺术作品，不但充分展示了厚重的民族文化，还很好地将真善美的属性融入作品之中，表达和寄托了美好的祝愿，这正是我们整个民族的力量源泉。真诚和善良是民间手工艺品创作的本质内涵，这两者让我们体会到美的真谛，在探求"善"的过程中通达"真"，最后产生"美"，反过来，"美"又作用于"真"，蕴含了"善"，"真"与"善"和谐统一在了富有美好愿景的一种意境之中。

手工艺文创产品设计把民间手工艺品作为传统文化的载体，把握民间艺术的核心内涵，使民间手工艺元素与创意思维、现代技艺相结合，实现了创新一体化设计，同时对文创产品进行合理定位，深入挖掘本土文化，彰显地域特色，达到实用性、文化性与艺术性的高度融合与统一，产品的造型、颜色、图案纹饰、材质等均能更好地满足现代人的审美与精神需求，更贴切地服务于现代生活。

比如，兔儿爷是老北京的传统手工艺，也是吉祥物，是中秋节的儿童玩具。兔儿爷兼具神圣和世俗的品性，传说能赐福给人们平安与吉祥。公仔是时下流行的卡通玩具，不同于传统意义上的玩具概念，更富有故事情节，以及个性与人格化的概念，因此公仔更受到现代人的喜爱。市场调研发现，市场上并没有将兔儿爷元素与公仔融合进行创新设计的产品，由于兔儿爷和公仔造型可爱，有亲和力，而且兔儿爷寓意吉祥，将两者融合设计的创意产品必定深受现代消费者的青睐。

在具体设计过程中，重点是在传统兔儿爷造型的基础上提炼典型元素，在保留兔儿爷脸部特征的前提下，着重兔儿爷头部的图形化、卡通化处理，采用细致柔和的线条修饰外轮廓，在五官的刻画上力求精致、细腻，使脸谱更加耐看；在尊重传统主体色的基础上，用色追求对比又和谐的统一性，显得更加富有美感；一改兔儿爷传统的端庄严肃，代之以欢快与喜乐的表情，既保留了传统造型特征，又注入了流行时尚感，符合消费者和年轻族群的心理需求和审美趣味。公仔身体采用拟人化设计手法，用敏锐的时尚嗅觉，把当代流行与时尚元素应用在公仔的服饰搭配上，力求让公仔呈现出丰富多变、时尚可爱的视觉形象，使传统与时尚相融合并

图2-3 北京传统手工艺文创纪念品：兔儿爷公仔

进行了系列设计，满足消费者对创意产品实用性、艺术性和文化性的多重需求（见图2-3）。

三、工业化文创产品设计

随着科学技术的迅速发展和互联网的普及，文创产品设计理念和手段不断提升，中国的文创设计也逐步进入现代工业设计的行列。工业化文创产品设计通常又被称作"功能主义设计"，以工学、美学、经济学为基础，对文创产品的外形、结构、色彩、功能等进行优化设计，是工业技术与审美艺术的交叉产物，强调"技术美"或者"机器艺术"。

现代科学技术为工业化文创产品设计提供了良好的平台，但也使此类文创产品设计聚集于如何采用高新科技来增加人们的感官刺激，对于如何运用内在的艺术审美来打动人心这一核心问题却有所忽视。工业化文创产品往往由于传统文化元素的匮乏和缺失，徒有华丽的外表，却没有灵魂。

作为有五千年历史文明的古国，中国的传统文化源远流长，历久弥新。中国传统文化元素内涵丰富、题材广泛、形式多元，是世界艺术之林的宝贵资源，具有独特的东方文化魅力。如何充分认识中国传统文化的内涵和作用，提炼传统文化的经典元素并与现代技术相结合，创新性地运用到工业化文创产品设计之中，形成中国独特的设计风格，是设计师们所面临的课题，也是文创产品设计领域需要深入研究的问题。

中国的现代工业设计起步于 20 世纪 80 年代，历经数十年的磨砺和蹒跚发展，从最初的纯粹简单模仿，到对西方设计风格的盲目追随，再到本土化改良设计，乃至近几年的尝试性创新，初步取得了一些成效，但与发达国家的工业设计水平仍存在差距。中国的工业化文创产品在运用传统文化元素方面存在着如下问题。

其一，一味模仿和追随西方风格，抛弃了民族文化，在产品设计中缺乏中国传统文化元素，使产品呈现同质性发展，没有形成有特色的设计风格。

其二，对传统文化元素的理解停留于外形，缺乏精神内涵。把采用的文化元素固化在旗袍、青花瓷、京剧脸谱、瓷器等元素和载体中，千篇一律，没有深入了解和展示传统文化的精神内涵，对传统文化传承的理解太过肤浅。

其三，在传统文化元素引用方面，未能与现代技术和当前的社会环境有机结合，只是通过简单的仿古、拼凑、复制和粘贴，把一些浅层面的纹样图腾及造型生搬硬套到现代空间和当下社会。未考虑空间与环境的变化、现代与传统结合的差异，以及产品使用者的人性化、个性化需求。这样的文创产品设计难免显得违和、突兀。

可喜的是，在中国工业设计的进程之中，日益涌现出一些有益的尝试和成功的案例。例如，北京申奥标志吸取了"中国印"图案（见图2-4），奥运祥云火炬采取了具有深厚中国文化特征的"祥云纹样"（见图2-5）；奥运场馆"鸟巢""水立方"运用了"天圆地方"这一中国传统文化思想；世博会"中国馆"的设计采用了中国古建筑最具特色的传统元素——斗拱造型；北京冬奥会仪式火种台采用了中国传统

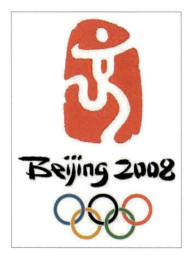

图2-4 北京申奥标志：中国印

图2-5 北京奥运：祥云火炬

青铜礼器"尊"的曲线造型（见图2-6），基座沉稳，象征"地载万物"。一些音响造型设计运用中国传统文化元素"太极"符号。这些传统文化元素的引入，给工业化文创产品设计领域带来了清新的文化灵感。

在全球化、科技驱动社会发展的大背景下，工业化文创产品设计应传承和应用中华优秀传统文化元素，不仅表现在形式和表象上，更要表达在意境与精神上；不仅要吸取传统精华，更要符合现代设计理念；不仅要传承与借鉴，更要注重发展与创新。

图2-6 北京冬奥会仪式火种台和中国传统青铜礼器"尊"

四、艺术衍生文创产品设计

艺术衍生文创产品是由艺术作品衍生而来的艺术与商品的结合体，不仅有着商品的使用价值，还具有一定的艺术附加值，是一种充满艺术创意性的产品，可以有效宣传艺术家及其作品，也是现代文化艺术消费的新趋势。具体而言，它是利用原生艺术品的符号意义、美学特征、人文精神、文化元素对于原生艺术品的解读和重构，通过设计者对文化的理解，将原生艺术品的文化元素与产品本身的创意相结合，形成的一种新型文创产品。

设计源于生活，生活得益于设计！藏在博物馆里的梵高的作品好像离我们很遥远，但可以将梵高的画作变成贴近生活的艺术衍生文创产品，让艺术进入我们平凡的生活，拉近彼此之间的距离，比如，鸢尾花图案的手机壳（见图 2-7）。设计师以梵高博物馆正版授权的梵高八大作品为蓝本，创作限量系列艺术衍生文创产品。梵高作品的热浪似乎没有因为年代的久远而平息，每每提起，依然可以激起我们的热情。设计师们从梵高的大量画作中提取元素，选出八幅画作作为主题：向日葵、盛开的杏树、鸢尾花、雷雨云下的麦田、麦田群鸦、花园中求偶的恋人、黄房子、自画像。然后经过细致设计，多次调整所用图案的色调、面积、排布等细节，最终设计的产品涵盖枕垫、餐具等家居饰品，以及多种数码周边产品。从生活周边衣食住行到创新科技，设计师们出于对

图 2-7 梵高艺术衍生文创产品：鸢尾花图案的手机壳

梵高的敬意和怀念，每一个作品都创意满满，承载了对梵高作品的热爱。产品一经推出便受到消费者热烈欢迎，为艺术衍生文创产品市场提供了优秀的商业案例。

再比如，如图 2-8 所示，中国美术馆曾经开发了红葡萄酒年礼系列艺术衍生文创产品。中国的民间美术大多带有吉祥寓意，剪纸作品《舞狮》被作为福禄寿·红葡萄酒酒标的设计灵感，经过再设计成为活灵活现的酒身方寸故事。狮子是兽，兽又谐音"寿"。"狮子+烫金葫芦"的设计，寓意多福、多禄、多寿。酒帽采用黑色的磨砂底搭配金色的美术馆建筑图样，进行重新设计。而新年大吉·红葡萄酒年礼则以中国美术馆藏《新年大吉》为图素，借艺术作品传递美好祝福。酒标的设计将艺术形象精炼化、图形化，更加具有视觉冲击力，突出新年好彩头。除了红酒之外，设计师还设计了与之相配套的福禄寿·红包，二者组成完整的年礼套装（见图 2-8）。

文创产品设计的分类和特点

图 2-8　中国美术馆艺术衍生文创产品：红葡萄酒年礼

文创产品设计的特点

从产品最终形态来看，文创产品包含两个相互依存的部分，即文化的内涵与承托其文化的载体。文创产品有着区别于大多数一般产品的特殊性，即文化创意内容，这是文创产品的核心价值所在。

近年来，一些旅游景区和博物馆、文化馆、纪念馆等纷纷推出具有鲜明特色的文创产品，成为其特色文化的新亮点和新卖点。目前，我国大多数博物馆、文化馆、纪念馆等均对公众实行免费开放，主要依靠财政拨款维持正常运行，难免存在费用不足的困难，适当推出符合市场需求的文创产品有助于弥补经费缺口。

在国家政策的推动下，博物馆设计的各种文创产品不断涌现。2019年，时任故宫博物院院长单霁翔首次晒出了故宫的账本：2017年故宫文创产品的销售收入达到15亿元，超过了2018年国家为故宫的拨款数目。

文创产品要赢得游客的喜爱，关键是用创意打动人，用文化吸引人。文创产品在设计中，应做到构思巧妙，创意新鲜，制作精良，"人无我有，人有我新，人新我特"，避免产品的同质化。例如，故宫的牛头小探铜摆件（见图2-9），将故宫藏品"陶牛"用另类的方式重新演绎，在传统文化的基础上，创新运用传统工艺打造出具有现代气息和审美的文创产品。再如，故宫收藏的清代名画《乾隆皇帝大阅图》（见图2-10），画中有一匹骏马，故宫将图案制成领带，单霁翔出国交流时戴在脖子上，引来许多外国朋友的青睐，

图 2-9 牛头小探铜摆件

图 2-10 《乾隆皇帝大阅图》

间接带动故宫文创产品走出国门。

优质的文创产品在一定程度上是迎合大众旅游时代文化体验需求的。目前，我国的文创产品开发还处于初级阶段，文创产品涉及的广度、深度仍有很大的提升空间，市场前景广阔。文创产品不同于一般工艺品，其创意和设计应具有以下四个特点。

一、地域性

文创产品的灵魂是文化，其涵盖的不是单纯意义上的文化珍品复刻或寓意传统工匠精神的产品，而是以现代消费者需求为导向的、具有鲜明地域文化特色的、兼顾产品创新和科技产业融合的新生产物。立足于新时代下的文创产品设计，需要在设计中赋予产品地域文化的烙印，在包容和创新中将地域文化产品化，满足消费者与时俱进的消费需求，从而彰显中华民族百花齐放、争奇斗艳的文化自信。

地域的文化特色反映了某一个地方人群的生活方式，这说明了文化与人们之间有着深厚的情感。所以，创意不是随便产生的，创意也许就是小时候传统的记忆，年少时村子里的生活体验等。对文创产品的地域性的表现不是一种表层的拿来主义，而是深层次的能激发人内心"感受""体验""记忆"的一种创意的表达。中国文化是中国历史发展以来多个地域文化的精华所在，它们之间既保留了共性，又具有鲜明的个性，既存在一定的冲突，又有深度的融合。同时，因中国自古崇尚儒家思想，保留了地域间"和而不同"的文化特性,因此中国地域文化的主要特征可以概括为地域性、长期性、融合性和多样性。

对于设计师来说,如何将地域性的文化完美地体现在文创产品设计中是一个不小的难题。不少设计师在设计的过程中并没有深入挖掘地域文化的内涵,只是对于一些地域性的文化符号、文化图腾等拿来就用,这样的设计只会让文化流于表层。事实上,地域文化除了要负责视觉上的形象之外,更要负责内在的灵魂价值。所谓"一方水土养育一方人民,一方人民孕育一方文化",描述的就是区域文化中的地域性特征。中华文明发展源远流长,国土面积广袤辽阔,因此中国具有不同的地域文化特色。例如,吴文化是具有鱼米水乡特色的"才智艺术型"文化,而云贵高原文化则是具有喀斯特地貌特色的"少数民族"文化。掌生谷粒(见图 2-11)不仅是中国台湾第一农产品的文创品牌,更在亚

图 2-11 掌生谷粒

洲具有较高的知名度。掌声谷粒之所以能成为农产品文创界的知名品牌，除了独特的外包装和对产品质量的严格把关外，更在于其所传达的文化。"看似是农产品的掌生谷粒，偏偏卖的就不仅是农产品。通过平凡的白米传达出品牌想呈现的真正价值，其实传达的是中国台湾人民的生活风格。"从品牌诞生之初，掌生谷粒就确定了自己的定位：向世人传达中国台湾的当地文化，而其成功之处是不仅激发中国台湾人民对本土农业文化的热爱，更是打动了每一个与大地有过深厚感情的人。设计出带有浓浓地域情感的文创产品，就像出售一种"感觉"、一种"体验"，而这种心领神会的共鸣唯有建立在文化的基础上。

中国著名的设计公司洛可可，其创始人贾伟为北京老舍茶馆做的一款名为"观自在"的四季盖碗（见图 2-12），其灵感来源于一首古诗："春有百花秋有月，夏有凉风冬有雪。

图 2-12 "观自在"四季盖碗

若无闲事挂心头，便是人间好时节。"诗中描绘了春夏秋冬四个季节的不同景象，设计师通过自己对地域和节气文化的理解及感悟，抓住了诗句中的"印记"，并将这个"印记"通过独特的图形创意表现在了盖碗之上，最终形成了一套符合老舍茶馆文化特色的文创产品。

二、故事性

"做文创产品设计，肚子里没有'墨水'是设计不出来的。"文创产品的设计与一般工艺品设计的重要区别在于，文创设计追求的不仅是造型和美感，其背后需要承载一个故事。

将好的故事注入文创产品的设计中，总会使这一款产品散发出一种特殊的气质。就像喝一口普洱，瞬间让人心旷神怡。设计师把故事的能量通过自身的认知传递到文创产品的创意设计之中，在设计与加工中多次打磨，使产品充满了情感，这样消费者才会有所感动，产品价值也超越了自身的经济价值。从这个意义上去理解，消费者购买的不仅是一件物品，而是一个故事。随着故宫文创产品的热卖，以及相关单位对文创产品的重视，文创产品如雨后春笋般涌现，人们已经不满足于一般的文化旅游纪念品、日用品及工艺品这些对历史文化浅层次的认识和地域符号化的理解，而是渴望深入地了解中国博大精深的历史文化。在这种背景下，博物馆设计出蕴含厚重历史文化内涵的文创产品，用创新创意来承载好的故事，以更加生动、有效的方式传播中华文化有非常重要的意义。

千百年来，中华民族所创造的成就举世瞩目，各大博物馆珍藏的文物丰富多彩、独具特色，背后还蕴藏着大量鲜活有趣或感人肺腑的故事，都可以成为文创产品取之不尽的文化资源。最为典型的当属故宫，故宫设计开发的朝珠当耳机（见图2-13）、顶戴花翎成了防晒伞、"小格格钓金龟"书签（见图2-14）、雍正御批胶带等一系列文创产品迅速蹿红。

为了发挥文创产品的现代性和时尚性，故宫还贴合年轻人需求设计了一系列作品，比如御猫百宝箱（见图2-15）、创意木质日历（见图2-16）。在2018年"中国文创产品展示周"期间，故宫还推出了"故宫文化创意产品国际综合展"，推出书画、陶瓷、首饰、服饰、钟表、文具等12个大类的文创产品。

图2-13　朝珠当耳机

图2-14　"小格格钓金龟"书签

非遗文化创意产品设计

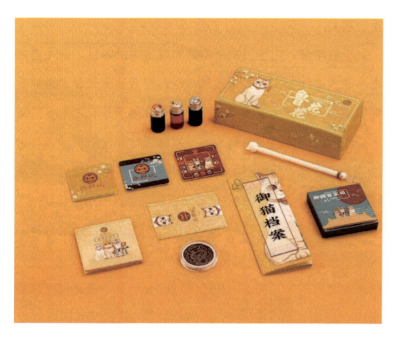

图 2-15　御猫百宝箱

图 2-16　创意木质日历

文创产品设计的分类和特点

故宫文创产品的成功其实并非偶然。故宫立足自身强大的文化资源优势，运用现代人的理念，盘活历史记忆，将一件件高大上的文物和故事，依托新技术、新思维，点石成金，让故宫的故事得到了延续和新生。

当下，文创产品的呼声高涨，然而在很多地方，文创产品并没有得到市场的认可，归根结底还是低估了文创产品的视野和方向。创意是文创产品进入市场的王牌，目前，照搬和模仿依旧是部分文创企业无法实现突破的病症所在，在一些所谓的文创小镇，千篇一律的创意使文创失去了动力和活力。要想在文创的激流中劈波斩浪，一路前行，不但要讲好故事，而且要讲具有原创性、独一无二的故事。

三、独特性

一个具有独特性的文创产品，应同时具备审美、功能、内涵三个特点，且缺一不可。对一个旅游地或景区而言，迎合消费是文创产品的基础功能，更重要的是融汇古今、沟通雅俗。具有独特性的文创产品，不等同于衍生品，更不是大型展览或活动的附属品，而是具有独创主题、独特审美，并能满足进入日常生活的功能属性。文创产品是一种文化内核的延展，游客们购买文创产品，更是一种文化的分享和传递。

"西湖十景"是杭州最具标志性的文旅形象之一。浙江省博物馆依托馆藏文物——清乾隆年间董诰绘制的《西湖十景》册页,设计了一系列具有独特性的文创产品,目前产品种类已达300多种。以其中最受欢迎的《西湖十景》团扇(见图2-17)为例,精致的扇面与董诰绘制的《西湖十景》完美结合,轻摇起风,似乎还带着湖面上的荷香。

位于杭州的中国丝绸博物馆是杭州的热门旅游地,很多人从名称上可能已经猜到这家博物馆的文创产品一定与丝绸有关。丝绸质地的文创产品较为常见,在中国丝绸博物馆,最吸引眼球的当属"华美致远"丝巾(见图2-18),丝巾色彩鲜明、图案华丽,其设计灵感来自于馆藏的一款民国时期的黑色流苏披肩。设计师在原藏品的基础上,开发了"华美致远"丝巾,并搭配了不同的配色方案。尽管每条丝巾售价980元,但因为本身的设计和质量,仍深受市民和游客的喜爱,在2016年G20杭州峰会上,更是被指定为官方纪念礼品,是馆内最受欢迎的文创产品之一。

同样位于杭州拱宸桥附近的中国刀剪剑、伞、扇博物馆

图2-17 《西湖十景》团扇

文创产品设计的分类和特点

图 2-18 "华美致远"丝巾

组成了杭州工艺美术博物馆集群，是杭州的热门旅游景点之一。博物馆集群以工艺美术为主题特色，馆内珍藏了无数巧夺天工的工艺品，作品的背后是一脉相承的匠人匠心，这也成为文创产品独特性设计灵感来源的丰沃土壤。

2020年，第三届长三角国际文化产业博览会在上海国家会展中心举行，杭州工艺美术博物馆（中国刀剪剑、扇、伞博物馆）设计的文创产品亮相展区，展示了以馆藏品为设计灵感来源、时尚潮流与传统文化结合的8个系列共计130余件文创产品，产品设计题材独特且多样，兼具美观和实用，具有较高的审美情趣。最具特色的是真丝拱宸桥雕刻女扇（见图2-19），扇子在扇骨上对拱宸桥元素进行雕刻，再配以独具中国文化特色的素面真丝面料，整体感受典雅精致。扇子的选用材料和制作工艺也十分考究，扇骨选用传统的黑色竹骨，经中药浸泡，形成了独特的香味，具有提神醒

图 2-19 真丝拱宸桥雕刻女扇

脑的效果。该系列文创产品已开发了 12 种不同的配色，深受消费者欢迎。

良渚博物院是杭州较早一批提出文创产品概念的博物馆。早在 2017 年左右，良渚遗址管理区管理委员会就开始筹划文创事业。据有关媒体报道，截至 2022 年 11 月，良渚已累计打造了十三大品类 500 余款良渚文创衍生产品。

在良渚文化中，无论玉器质地或器物造型都有着鲜明的特征，尤其是玉器表面的纹饰，除少量鸟纹和龙纹之外，大多是人面与兽面之纹样。此类纹样最令人过目不忘，是良渚文化的标志之一。

在 2023 年兔年到来之际，良渚博物院推出的全新文创产品"前'兔'似锦金属吊坠书签"（见图 2-20），就是以西周玉兔为原型，结合中国传统生肖文化中寓意吉祥幸福的美好祝愿，让兔子温顺可爱、天真活泼的形象以新的方式进行呈现。

文创产品设计的分类和特点

图 2-20　前"兔"似锦金属吊坠书签

四、多样性

多样性是文创产品在竞争中脱颖而出的利器，在挖掘文化资源的同时，还要注重消费者的心理感受。一件好的文创产品设计，不会是冰冷的产物，而是饱含了浓厚的文化价值，并且能取得消费者视觉和心理的双重认同。在文创产品设计中，应注重造型设计的多样性，使之与优良的品质相匹配，这样才能相得益彰。

1."一体型"文创产品

"一体型"文创产品以文创内容、产品载体、结合方式的融合作为核心点。其本质就是某种文创内容与其对应的产品载体及结合方式，以特定的关系结合为一体。若文创内容脱离此种关系的产品载体就无法独立存在，或无法再次与其他广泛的产品载体进行结合，因此内容、载体、方式三种条件形成了特定一体化关系。此类文创产品多从产品载体的特性出发,其中文创内容需根据载体特性以特有方式进行融入,其所体现的文创内容与结合方式的创意是此类"文创"的价值核心。

例如,2016年G20杭州峰会期间,国内著名瓷器品牌永丰源创作设计的国宴餐具"西湖盛宴"(见图2-21),就是以杭州西湖文化为背景,运用工笔兼写意的画面形成文创内容,再以创意的方式巧妙应用于餐具结构上,并将"三潭印月"中的石塔形象创意设计在半球形的尊顶盖结构上,将中国独有的江南文化与瓷器产品进行创意的艺术结合,整体展现了中国江南的文化气韵。但"西湖盛宴"这套文创产品中的文创内容与结合方式,很难以同样的形式应用于其他产品载体上,是典型的"一体型"文创产品类型。

2."衍生型"文创产品

互联网思维是"衍生型"文创产品得以发展壮大的关

图2-21 2016年G20杭州峰会国宴餐具"西湖盛宴"(设计者:永丰源)

键，这种思维使文创产品的流通方式、传播方式与再生产方式有了颠覆性的革新。当文创产品跨越了传播媒介的限制，设计师对于叙事的理解就有了更多想象的空间，创意思维被充分激发。

以"故宫猫"为主题的文创产品设计中（见图2-22），设计者将皇帝与猫的形象进行重构，以国际流行的配色设计成卡通的形象，进而推出以此形象为文创内容的公仔、文具、手机壳等。因此，"衍生型"文创产品的设计与创意的方式，就是从需要创作的内容特色出发，衍生应用于市场现有产品载体之上。

3."数字化"文创产品

数字印刷技术的发展为文创产品的设计创造了前所未有的近距离接触消费者的机会。全球领先的市场研究咨询公司英敏特（Mintel）就曾指出，2017年是数字印刷的转折年，

图2-22　以"故宫猫"为主题的文创产品设计

数字印刷不再仅仅运用于包装产品的私人订制、限量订制化，而因其经济实惠、更新上市周期短等优势站上文创产品市场的舞台。

文创产品在设计上紧随时代潮流，充分利用数字印刷等技术进步带来的诸多红利，更新设计理念，释放"创意＋技术"的最大市场能量，达到"1+1>2"的效果。

在 2018 年年末之际，腾讯与敦煌研究院联手推出了一个互动小程序——敦煌诗巾（见图 2-23）。用户可以根据自己的喜好选择不同的藻井图案在 H5 页面上 DIY 专属丝巾，并支持在小程序上直接下单购买。"敦煌诗巾"的推出，以丝巾的形式唤醒沉淀千年的文化底蕴，并在潮流单品上焕发

图 2-23 腾讯和敦煌研究院联手推出的数字化文创项目"敦煌诗巾"

文创产品设计的分类和特点

出新的生机。"敦煌诗巾"一经推出便引发网友青睐，在朋友圈广泛传播，成为"网红级"的新年献礼。

融合了代表艺术成就高峰的敦煌壁画也是"敦煌诗巾"风靡的重要原因。源自敦煌石窟的灵感，融入了石窟藻井层次丰富、富丽庄严的结构及图像特点，让系列丝巾展现出与众不同的视觉效果，确保了较高的文化艺术品味。而最受欢迎的主题元素当属莫高窟第407窟的"三兔共耳"（见图2-24），它不仅寄托着中国传统文化中美好祥和的寓意，还拥有国际艺术价值，再次验证了"文化既是民族的，也是世界的"。这一主题元素也可以通过先进的数字化印刷技术在丝巾上呈现。

图2-24 敦煌莫高窟第407窟"三兔共耳"主题元素

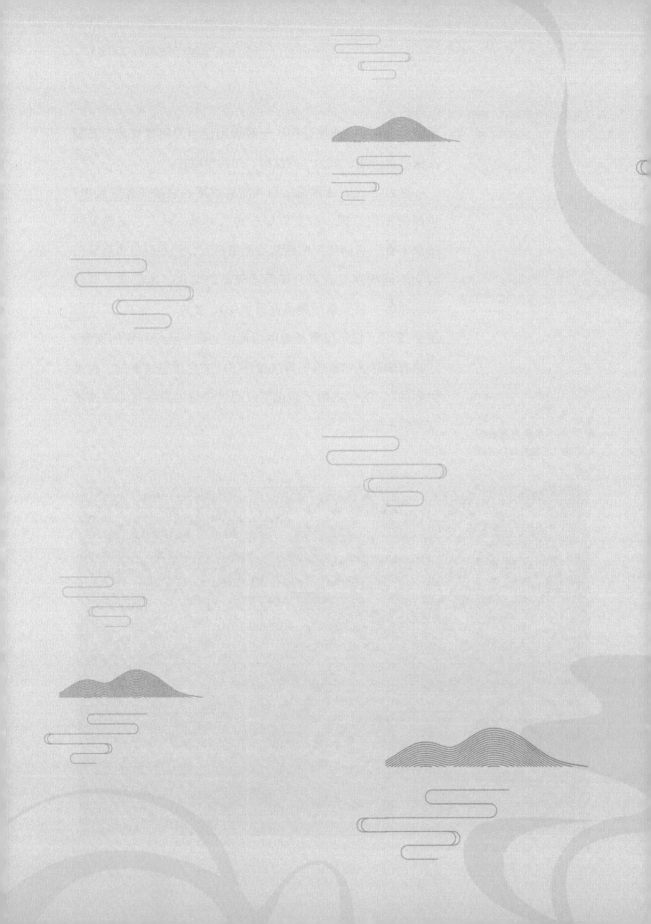

叁 非物质文化遗产的生产性保护特点和分类

非物质文化遗产的生产性保护特点

在具有生产性质的实践过程中，以保持非物质文化遗产的真实性、整体性和传承性为核心，以有效传承非物质文化遗产技艺为前提，借助生产、流通、销售等手段，将非物质文化遗产及其资源转化为文化产品的保护方式，是非遗文创产品的设计前提。

一、活态传承

活态传承的方式是在非物质文化遗产生成与发展的环境中进行保护和传承，在人民群众生产生活的过程中进行传承与发展。

活态传承能达到非物质文化遗产保护的最终目的。区别于以现代科技手段对非物质文化遗产进行"博物馆"式的保护，活态传承是用文字、音像、视频的方式记录非物质文化遗产项目的方方面面。

二、原生保护

非物质文化遗产的原生保护，第一次被引入遗产保护领域是在20世纪60年代，并在之后逐渐得到完善。原生保护就是要保护好最初的、本来的、真实的历史原物，保护它所遗传的全部历史文化信息，保护它原有的内涵和意义。"本真性"（Authenticity）又称"原真性"或"真实性"等，是对物质文化遗产保护提出的准则，后来逐步扩展到非物质文化遗产领域，并在全世界范围内被广泛接受。

三、整体保护

"整体性"是非物质文化遗产保护的另一个重要原则，"所谓整体性，就是要保护文化遗产所拥有的全部内容和形式，也包括传承人和生态环境"。一种文化的形成并不是零散的，而是作为一个整体的代表，因此在保护的时候要注重其整体性。非物质文化具有多种多样的艺术形态和文化内涵，并且根据不同的环境呈现出不同的状态，这些不同的方面综合在一起就是一种文化的整体表现形态。因此，在保护的时候应提倡多方面、多层次、全方位的立体保护，确保文化的整体性可以最大限度地得到保护，以最全面的形态继续传承下去。

四、差异保护

非物质文化遗产产生条件不同，形态存在巨大差异，生存现状不尽相同，因此，对其实施生产性保护时不能像对待物质文化遗产那样，简单地只以原生保护和整体保护来加以要求，而应该始终坚持以发展的眼光来看待，只要符合其自身传承发展规律，只要它的"核心技艺"得以保存，只要它内在的文化价值和属性没有发生根本性的变化，我们就可对其进行差异保护，进行保护的方式根据技艺的不同而不同。

非物质文化遗产的分类

《中华人民共和国非物质文化遗产法》将非物质文化遗产分为以下几类：

1）传统口头文学及作为其载体的语言。
2）传统美术、书法、音乐、舞蹈、戏剧、曲艺和杂技。
3）传统技艺、医药和历法。
4）传统礼仪、节庆等民俗。
5）传统体育和游艺。
6）其他非物质文化遗产。

一、传统口头文学及作为其载体的语言

传统口头文学包括一个民族世代传承的史诗、歌谣、说唱文学、神话、传说、民间故事等口头文化。我国历史悠久、民族众多，各民族的传统口头文学丰富多彩、底蕴深厚，如孟姜女传说、白蛇传传说，刘三姐传说等，都在人民群众中有很大的影响力，可以说是家喻户晓。

传统口头文学是以说唱的语言作为其载体的,如《格萨尔》是以藏语进行说唱的,所以藏语是其表达的载体,《格萨尔》和作为其载体的藏语都是非物质文化遗产。这里应当指出的是,单纯的一种民族语言不是非物质文化遗产,只有当其成为传统口头文学的语言载体时,才能与该传统口头文学共同构成非物质文化遗产。

二、传统美术、书法、音乐、舞蹈、戏剧、曲艺和杂技

(1)**传统美术** 传统美术包括雕塑、剪纸、雕刻、木版年画、刺绣、泥塑、面塑、糖塑等多种传统艺术形式。

(2)**传统书法** 传统书法包括汉字书法和一些少数民族的文字书法,如藏文书法等。目前,汉字书法和藏文书法均已列入国家级非物质文化遗产名录。

(3)**传统音乐** 传统音乐包括民间音乐、文人音乐、宗教音乐和宫廷音乐。其中,民间音乐包括山歌、小调、劳动歌曲等民歌和弦索乐、丝竹乐、吹管乐、鼓吹乐、吹打乐等民间器乐,以及民间歌舞乐、戏曲音乐和说唱音乐等。文人音乐包括古琴音乐、诗词吟诵调、文人自度曲。宗教音乐包括佛教音乐、道教音乐等其他宗教音乐。宫廷音乐包括祭祀乐、朝会乐、导迎乐、巡幸乐、宴乐等。截至2021年6月30日,列入国家级非物质文化遗产名录的传统音乐项目有431项。

(4)**传统舞蹈** 传统舞蹈多适用于各种仪式性场合,大

到国家的祭祀、朝会、出战、庆功、王室更替，小到百姓婚丧嫁娶、播种收割等。我国的传统舞蹈一般具有较强的仪式性特点，一般在特定的时间和场合进行表演，体现了某种特定的信仰和情感。土家族每年农历正月要祭祀始祖"八部大王"跳摆手舞、毛古斯舞，藏族每年藏历12月29日的"跳神节"要跳羌姆，青海黄南同仁地区藏族每年的"六月会"祭祀山神、二郎神，跳龙鼓舞等。这些舞蹈均具有较强的仪式性特征。截至2021年6月30日，列入国家级非物质文化遗产名录的传统舞蹈项目有356项。

（5）**传统戏剧** 传统戏剧是一种综合舞台艺术样式，是以歌舞演故事的一种艺术形式，其将众多艺术形式按照展现美的标准聚合在一起。这些艺术形式主要包括诗、乐、舞。诗是指其文学，乐是指其音乐伴奏，舞是指其表演。此外，它还包括舞台美术、服装、化妆等方面。据资料记载，中国的传统戏曲剧种有300多种，如今还在传承的有260多种，如京剧、曲剧、昆曲、沪剧、评剧、黄梅戏、越剧等。截至2021年6月30日，列入国家级非物质文化遗产名录的传统戏剧项目有473项。

（6）**传统曲艺** 曲艺属于说唱艺术，是以民间讲唱文学为基础的，将讲唱文学、音乐、表演三者相综合的中国传统艺术，包括评书、大鼓、相声、评弹等多种艺术形式。截至2021年6月30日，列入国家级非物质文化遗产名录的曲艺项目有213项。

（7）**传统杂技** 传统杂技古代又称"杂技""杂技乐"。

杂技艺术起源于秦朝,称为"角抵戏"。经过几千年的传承、发展,已从简单的技巧表演发展为一种综合表演艺术。列入国家级非物质文化遗产名录的杂技包括戏法、杂技、马戏等10多项。

三、传统技艺、医药和历法

(1) **传统技艺** 传统技艺主要是指传统手工技艺,是以手工劳动,使用自然材料进行制作的,具有独特艺术风格的技艺。它能传达文化内涵,富有装饰性、功能性和传统性。截至 2021 年 6 月 30 日,列入国家级非物质文化遗产名录的传统技艺包括陶瓷制作技艺、织造技艺、锻制技艺等共计 629 项。

(2) **传统医药** 传统医药泛指具有不同文化背景的民族传统用于预防、治疗和保健的天然药物,以及应用这些药物防病治病的系统理论或经验知识,包括中医药和民族医药。中医药是以汉文化为背景的传统医药;民族医药是指少数民族的传统医药,包括藏医药、蒙医药、维吾尔医药、傣医药、苗医药、壮医药、瑶医药、彝医药、侗医药、土家族医药、回医药等各民族医药。截至 2021 年 6 月 30 日,列入国家级非物质文化遗产名录的传统医药项目有 182 项。

(3) **传统历法** 传统历法包括农历和一些少数民族的历法,如藏族的天文历算等。农历,即夏历,将一年分为 24 个节气,将月球环绕地球运动一圈作为一个月,其产生与农业生产有关,是为了服务于农业生产而制定的。目前,农历二十四节气、藏族天文历算均已列入国家级非物质文化遗产名录。

四、传统礼仪、节庆等民俗

民俗，即民间风俗，是指广大民众所创造、享用和世代传承、相沿成习的生活模式，它是一个社会群体在行为和心理上的集体习惯。民俗一般包括传统礼仪、节庆、民间习俗、民族服饰等。截至 2021 年 6 月 30 日，列入国家级非物质文化遗产名录的民俗项目有 492 项。

五、传统体育和游艺

传统体育是指在中华大地上各民族自古流传下来的体育活动，包括：从军事技能中衍生出来的体育项目，如武术、射箭、摔跤、蹴鞠等；健身养生的体育项目，如气功、太极拳等。传统游艺是指具有娱乐作用的各种民间游戏，如荡秋千、抖空竹等。

六、其他非物质文化遗产

这是除以上五项以外的其他非物质文化遗产项目，同时也可以为将来新发现的非物质文化遗产项目在法律规定上留下空间。

肆

非遗文创产品设计的原则、思路及方法

非遗文创产品的设计原则

一、立足文化内涵

1. 什么是文化

广义的文化是指人类创造出来的所有物质和精神财富的总和。狭义的文化是指一个国家或民族的历史、地理、风土人情、传统习俗、生活方式、文学艺术、行为规范、思维方式、价值观念等。

在我国人民长期的社会实践中，形成了以儒家、佛家、道家三家之学为支柱的传统文化，在此文化基础上派生出的各种艺术（如绘画、雕塑、书法、戏剧、节日等），是文化的具体表现形式。

2. 文化的形态

（1）**理论观念** 理论观念是指精神层面的文化，以价值观或者文化价值体系为中心，包括文化思想、道德观念（见图4-1）及宗教信仰等。

（2）**行为文化** 行为文化是指制度层面的文化，它反映在人与人之间的各种社会关系中以及人的生活方式上，如宗族制度、八旗制度。如图4-2所示，祠堂是宗族制度的核心要素之一。

图 4-1 传统道德

图 4-2 广州陈家祠

（3）**器物文化** 器物文化是指物质层面的文化，是人们在物质生活资料的生产实践过程中所创造的文化内容，包括衣食住行等物资，如酒器、茶具、传统乐器（见图4-3）等。

3. 文化研究的内容

（1）**地域文化** 中国地域宽广，每个地域都形成了具有自身特色的文化，如齐鲁文化、巴蜀文化、楚文化、吴越文化、岭南文化（见图4-4）等。

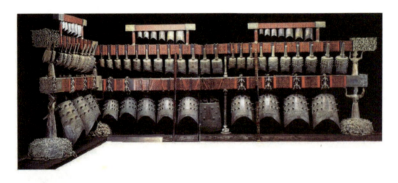

图4-3 战国曾侯乙编钟

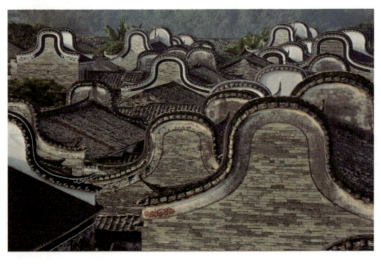

图4-4 岭南传统建筑锅（镬）耳屋

（2）**饮食文化**　中国的美食文化源远流长，也因此形成了具有代表性的饮食文化，如八大菜系、茶文化、酒文化、小吃文化（见图 4-5）等。

（3）**艺术文化**　中国的艺术文化包括戏剧文化、书法文化（见图 4-6）、诗词文化等。

图 4-5　广东早茶

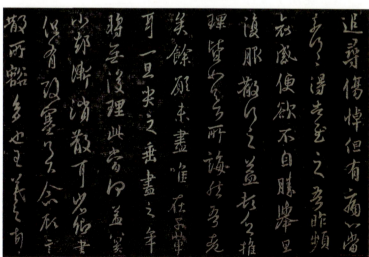

图 4-6　王羲之书法

（4）**自然文化**　地大物博的中国，自然风光无限，因此自古至今形成了山文化（见图4-7）、水文化、鱼文化、节气文化以及风水文化等。

图4-7　中国大自然秀美风光

（5）**美好祝愿文化**　中国的传统文化中还包含民俗文化，例如寄托人们美好愿望的五福临门、福禄寿，以及春节挂灯笼等（见图4-8）。

（6）**服饰文化**　中国民族众多，因此有着丰富多彩的服饰文化（见图4-9）。

图4-8　春节挂灯笼习俗

图 4-9　拉祜族服装

二、传承传统工艺

1. 传统工艺的概念

"传统工艺"一词的正式出现较晚。2017 年 3 月，文化部、工业和信息化部、财政部共同印发《中国传统工艺振兴计划》。该计划将"传统工艺"定义为："具有历史传承和民族或地域特色、与日常生活联系紧密、主要使用手工劳动的制作工艺及相关产品，是创造性的手工劳动和因材施艺的个性化制作，具有工业化生产不能替代的特性。"

传统工艺以民族传统文化为特质，具有文化遗产的性质。它既是物质文化，又具有非物质文化的成分，既指具体的工艺品，又包含工艺技能。

传统工艺主要具有以下三个特点：

第一，传统工艺有人和物两个载体。其中，"人"是指掌握手工技艺的传承人，"物"则是指运用工艺技能生产出来的物质产品。所以，传统工艺的保护，既要保护传承人和他所掌握的技艺，又要保护该类物质遗产。

第二，物质产品兼具物质和精神两种属性。利用手工技艺生产出来的产品一般都具有实用性和审美性。其中，实用性使传统工艺作为民众生活的物质基础，能够历经千年而不断延续和传承；审美性使产品能够满足人们文化艺术审美的需要。

第三，传统工艺具有生产生活和社会双重属性。传统工艺起源于人们日常生产生活所需，是人们为获得物质生存资料而对自然进行简单加工的产物。传统工艺需要借助一定的生产工具和生产设施才能完成。生产水平的不断发展，促进了传统工艺的完善，进而推动社会不断进步和发展。

传统工艺是中国传统文化的根基，在人类历史进程中有着特殊的意义，其与人的生活息息相关，是心手相连的艺术，体现了人类在生活中对自然发现与利用的聪明才智。每一种传统工艺的产生、发展乃至消亡，都与当时的社会发展状况紧密相连。

2. 传统工艺的价值

（1）**传统文化价值**　屹立于世界东方的中国，拥有人类发展历史上唯一未曾中断的民族文化。这缘于中华民族坚韧不拔的品质，也缘于博大精深的文化，而形象直观地展示中国文化本质意义的一个主要媒介就是传统工艺。传统工艺的发生和应用是中华民族曾经辉煌灿烂的证明。在长时间的历史文明发展进程中，中国传统工艺亦从来没有中断传承和消亡。

从传统工艺的发展历史过程中，可以看到许多不同的器物，这些都印证着古人的伟大文明成就，启迪着后人的创造力，同时反映出中国历史文化的兴衰演变过程。中国古代的设计文化融进了美术、经济、科技的范围，如仰韶文化中半坡彩陶尖底瓶（见图4-10）的设计思想，体现了古人在功能设计中的智慧，同时瓶身的精美纹样也记录了半坡时期人们的生产、生活及审美状态。再如西汉长信宫灯（见图4-11），其功能性与装饰性并存。

由于在春秋时期就已经确立了"道"与"器"的形态发

图4-10　半坡彩陶尖底瓶

图4-11　西汉长信宫灯

展格局，中国古代设计文化的意义早已超越了器物本身。正如明式家具（见图4-12）的设计，造型极简、使用舒适，已成为中国设计文化的结晶，在文化观念和设计手法的创造中体现了其文化的价值。至于中国古代的兵器、钱币、农具、服饰、饮食器、文具、乐器以及建筑的设计等，其造型与功能的观念息息相关，包含着大量能工巧匠的设计创意和心血。

中国传统工艺在现代设计中的应用促进了文化产业的发展。用设计的力量来实现对传统工艺的活态传承，不仅能够使传统工艺资源得以挖掘利用，还能守住中华民族特有的历

图4-12　明代黄花梨螭纹圈椅

史文化、生活气息和工艺境界，进一步展现文化自信，实现文化价值。中国传统文化源远流长，可供文化产业挖掘的文化资源极其丰富，传承传统工艺既能维系人民的精神纽带，又能丰富和增强人民的文化自信。

（2）**艺术审美价值**　中国传统工艺在历史发展的过程中形成了一定的形式美法则和造型规律。

石器时代将不规则的石头加工处理成具有流线型和左右对称或上下对称的生产工具，反映了先民们对形式美的最初认识和对美的创造。

制陶技术的发明及彩陶的出现，表明人类在设计史上有了更加长足的进步。从造型、纹饰和色彩的设计上来看，陶器比石器更加复杂，也更加精美。

封建社会时期，每个朝代都形成了独特的艺术风格，如夏商西周神秘、威严、凝重的特色，战国秦汉时期风云流动、雄健优美的状态，盛唐雍容大度、丰腴饱满、富丽华贵的姿态等，无不体现出当时统治阶级的审美风尚和设计观念。封建社会中后期，中国的设计融进了不少外来因素，因而各类艺术品在造型、色彩、文饰上呈现出多种多样的风格，既有宋朝的典雅、冷静、含蓄、秀美，也有元朝的豪放、多元。到了明清时期，许多作品带有明显的欧洲设计风格的痕迹，一些作品更是体现了中西文化的美妙碰撞。

（3）**社会商业价值**　我国人文历史悠久、文化资源丰富、民族特色浓郁，发展文化创意产业具有得天独厚的优势。对于具有浓厚地域和民族特色的传统工艺，要积极迎合市场需求，加大非遗文创产品的设计、开发、制作、营销，这也是当下文化创意产业发展广受关注的重要命题。传统工艺本身具有生产性，可直接服务于生产生活所需，如宁海泥金彩漆（见图4-13）。随着中国由农业文明向工业文明的转型，非遗传统工艺逐渐从日常生活中消退，转而进入文创产品开发的市场，这为地域和民族文化等价值的挖掘提供了广阔天地，同时对作品的创意和审美提出了更高要求。

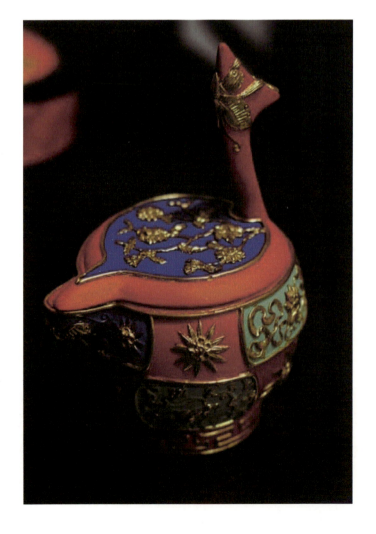

图4-13　宁海泥金彩漆

非遗文创产品设计的原则、思路及方法

隶属于贵州省黔东南苗族侗族自治州的麻江县，地处清水江上游，自古便有"清水江上的明珠"之美誉。这里旅游资源丰富，有省级森林公园清水江山水情韵、仙人桥等，有省级文物保护单位清末状元夏同龢故居，也有明清黔桂古驿道麻江段等人文景点，还有苗族风情歌舞表演、民间体育竞技和具有浓郁民族特色的风俗习惯。

麻江县更是枫香印染技艺、苗族织锦技艺、瑶族服饰、仫佬年、畲族粑槽舞等2项国家级、9项省级非物质文化遗产名录的所在地。麻江县按照"以文塑旅、以旅彰文、文旅融合"的工作思路，充分践行非遗资源活化，加强民族传统工艺保护与传承，打造民族文化创意产品和旅游商品品牌，通过推动非遗与旅游融合发展，为旅游注入丰富文化内涵。

其中，通过打造"产学研游"于一体的非遗创意工坊，让传承培训、研发生产、加工体验、展示销售相互融合，截至2022年6月，共开发出民族医药、苗家草本洗发水、绣娘文创旅游商品（见图4-14）等产品60余种，线上线下年

图4-14 麻江绣娘文创旅游商品

销售总额超 1000 万元，吸引前来参观体验的游客 5 万余人。

保护好文化的特质，必须要有深入的分析和审美的选择，保留传统就是保留它在未来可能的价值。如何在尊重传统工艺的基础上，设计、开发以适应现代社会发展和要求的个性化工艺品，用以满足人民群众日益增长的精神文化生活需求是非遗传统工艺得以传承的核心。

传统工艺作为中华优秀传统文化的历史见证，有别于工业产品的冷漠，在现代设计中给产品注入了灵性和人文气息。因此，在市场的竞争中，这些传统工艺是文化市场的重要资源，具有不可估量的商业价值。

3. 传统工艺传承的方式

非物质文化遗产的保护传承首先是对传统工艺的传承，在此过程中人的作用至关重要。其次是对传统工艺中包含的文化的传承，传统文化是本民族文化的精髓，守住传统文化，才能守住民族之根，才能无愧于祖先和子孙。

对于非物质文化遗产的保护不只是要保护物质形式，更要保护它的技艺和文化精神。所以，在对传统工艺进行传承的同时，我们应加大对其搜集整理与保护的力度，通过摄像、拍照、测量、绘图、文字记录等多种手法形成传统工艺数据库。即使某种传统工艺制作方面暂时断代，后代也可以今日所存的影像、图片、文字资料予以恢复。虽然这一保护的工作量浩大，耗时长，但迫在眉睫。

在传承造物技艺的同时，我们要对造物中的"精"给予领悟并进行传承。传统器物有着极佳的精、气、神，其

"精"来源于造物时造物者内心的宁静平和。当下很多手工制造的物品缺失了作品本质中的宁静。旧时的工匠心中没有太多的杂念,在几十年如一日的劳作中经验丰富、技艺精进。手工艺人在制作时的目的对于作品的优劣有至关重要的作用,一般的工匠所要达到的目的是图式的完满,这样只能保持工艺的精湛而无法表现情感、体现精神。优秀的工匠会在制作中融入自己的情感,进行图案的变化,醉心于作品本身的尽善尽美,使作品得到情感的完整体现,这样不仅提高了技艺,也为社会留下了宝贵的精神财富。只有安于寂寞求道的征程,潜心钻研自己掌握的技能,专心于创作,才能创作出趋于完美的手工艺精品。

4. 传统工艺传承的内容

(1)**和谐性** 中国自古以来都比较注重人与物、用与美、文与质、形与神、心与手、材料与艺术等因素的相互关系,主张"和"与"宜"。正是对"和""宜"之理想境界的追求,使中国传统工艺呈现出高度的和谐性,即外观的物质形态与内涵的精神意蕴和谐统一,实用性与审美性的和谐统一,感性的关系与理性的规范的和谐统一,材质工技与意匠营构的和谐统一。

(2)**象征性** 传统工艺要求在符合伦理道德的基础上满足感官愉快与审美情感的联系。很多工艺思想都是建立在伦理道德之上的,伦理道德的感化作用使传统工艺蕴含着特定的寓意。比如,很多宫廷文人的工艺品都是通过造型、体量、尺寸、色彩、纹样等方面来象征或者暗喻伦理道德的。

相比之下，传统的手工艺品在思想上则质朴刚健很多。

（3）**灵动性**　心物统一是传统工艺思想的主张。比如，在传统的工艺品中可以看出S形的结构和造型贯穿其中，这种结构能展示出生命的韵律和运动感，能使工艺品在严谨中透着活跃。

（4）**天趣性**　工艺材料是传统工艺的重要部分，多为天然材料。比如，木雕和桦树皮工艺品取用纯天然的木材和桦树的树皮，这些都是自然产物。在制作的过程中，传统工艺充分尊重材料本身带来的美感，在这份美感中再进行深层次的塑造或者加工。四大玉雕流派的南派——广州玉雕，在传统工艺基础上注重利用石料的天然纹理和色彩，量料取材，巧用色彩，保持了原玉的天然色彩，形象极其生动逼真。图4-15是国家级非遗传承人高兆华创作的玉雕作品《古道乐韵》。

图4-15　玉雕作品《古道乐韵》（国家级非遗传承人：高兆华）

（5）**工巧性**　工巧性是工艺的加工方法，通过不同的材料、不同的技术来加工制作出具有审美特征的工艺品。图4-16是清代通草画《踢毽》的一幅临摹作品。

5. 传统工艺传承的原则

"在传承中创新"是传统工艺在历史发展过程中一直践行的基本原则。它包含以下三个方面的内容：

第一，不离不弃本源，不为创新而远离日常生活需要。传统工艺与"纯艺术"不同，它的本源是日常生活需要，而非"艺术世界"中的"自律"原则。因此无论如何创新，都不应丢弃其生活器物之本性，成为"纯艺术"，否则就会丧失其独特性以及存在的合理性。

第二，在技艺上不断革新、不断超越，但旨在精益求精，而非为了表现个性刻意求新求异。图 4-17 是榄雕作品《游湖画舫》。

第三，不因创新而远离本民族固有的审美心理。通过艺术的吉祥寓意来祝福生活，这是中华民族固有的审美心理。传统工艺品的形制、图案、色彩，无不暗含着吉祥的寓意，这里面包含着一种文化理念，即传统工艺品的审美并非无目的的、非功利的，而是首先为了满足人们祝愿日常生活美满的精神需要，因此，传统工艺创新不应违背中华民族固有的审美心理。

图 4-16　临摹作品：清代通草画《踢毽》（广州通草画非遗传承人：苏昕、王禧雯）

图 4-17　榄雕作品《游湖画舫》（广州市非遗传承人：曾宪鹏）

三、突出地域性文化

1. 什么是地域性文化

地域性文化指的是在一定的区域范畴内的自然特征、历史特征和传统文化等多方面因素组成的一种文化形态。地域性特征是指特定地域内的居民在社会文化和自然环境长期积淀中构成的一个群体的特征,代表了该地区人民的集体智慧,体现了当地深层次的文化底蕴。例如,北京"稻香村"糕点作为一种非遗手艺,是"中华老字号"品牌,其群众基础较好,在产品的包装及宣传形象设计上融入了很多老北京生活的元素,尤其是在插画设计(见图4-18)上体现了老北京胡同的原始样貌以及售卖糕点的场景,这些地域文化反

图4-18 北京"稻香村"插画

映很容易勾起消费者对这一老手艺的回忆，激发心理认同，促进销售。

因此，在非遗文创产品设计中不能脱离地域文化，脱离了地域文化的非遗文创是缺乏历史感的，是无源之水。把地域文化运用到非遗文创产品的设计中去，就会形成其独特的表现方式，利用这种方式可以使非遗文创产品的设计保持长久的活力。因此，在非遗文创产品设计中，应充分把握非遗所在地独特的地域文化元素，通过创新设计构建非遗文创产品与地域文化的共生与发展。

2. 地域性文化的特征

地域性文化的特征可以归纳为独特性、识别性、传承性和可塑性。

一是地域文化的独特性。文化在该范围内是独一无二的，不可复制。在非遗品牌形象设计的过程中运用其独特性，就可以使设计出来的产品独具"个性"。有了"个性"的特征，该产品就可以和其他地区的地域文化相辨别。

二是地域文化的识别性。地域文化能够加强人们对于某个地域的认知，人们可以通过地域文化认识这个地域并感受它的独特性。提炼地域文化中具有识别性的特征，将其运用到非遗品牌形象的建设中去，可以增加品牌在市场中的辨识度。

三是地域文化的传承性。地域文化是自然环境和社会文化在该地区发生，并经过长期发展演变而成的文化传统，具有独特性和传承性的特征。非物质文化遗产的形成、发展和演化必然离不开地域文化的摇篮，所以在非遗品牌形象建设中离不开地域文化传承性这个特征。

四是地域文化的可塑性。地域文化从产生、发展到如今被人们保护和传承，经过了漫长的历史积淀。在其演化进程中，地域文化除了维持本身的特殊性之外，还随着岁月演进发生了不同程度的变化。它可以由地域范畴的扩大、文化种类的增多而发生变化，这些都是地域文化可塑性的特征。在非遗品牌形象建设中也应根据地域文化可塑性的特征进行相关设计。

四、创新开发文化产品

文化产品作为一个文化性、艺术性含量较高的载体，创新是其发展的重要性质。创作者的社会阅历、思想水平、知

非遗文创产品设计的原则、思路及方法

图 4-19　广东原创动力文化传播有限公司原创动画作品《喜羊羊与灰太狼》

识积累和艺术能力都是影响文化产品创新开发的重要因素。

文化产品的创新开发，不仅仅需要在创作时创新，还需要进行营销创新。传统的文化产品营销基本上还是停留在同一产品领域的营销。为了延伸产品的销售渠道，我们应发展跨领域的销售模式，这样才能最大限度地挖掘文化产品的附加价值。例如，广东原创动力文化传播有限公司制作的《喜羊羊与灰太狼》（见图 4-19）在其传统的动画片领域取得成功之后，发展了电影产业。同时，《喜羊羊与灰太狼》衍生品范围从主题音像图书、毛绒公仔、食品、日用品延伸到了手机桌面、屏保甚至表情包等方面。

文化产品的创新开发还应最大限度地提高产品转入消费市场的速度。试想一下，一个新的创作，如果不尽快上市，就会被同类型的产品占据市场份额，所以提高产品转入消费市场的速度也是最大化挖掘文化产品价值的一个方法。

非遗文创产品的设计思路

一、提取传统元素

中国传统文化博大精深，每一种颜色、每一个符号、每一个元素都有其独特的象征意义，从建筑、器物、服饰、艺术等方面归纳并提取元素符号应用到产品设计中可以很好地传达民族风格，提升产品的文化意涵。因此，要对文化元素进行提炼和创新，不能只是简单地照搬照抄原题材的设计元素。在丰富璀璨的传统文化中，通过"取其精华，去其糟粕"的研究法则和设计方法对文化元素进行提取。这就要求设计师在设计中必须具备全球化的视野和能力，重新理解传统文化，并运用现代的审美观念挖掘文化精髓，最终使文化元素融入产品设计中。

将非物质文化遗产转化成实体性文创产品主要有两种思路：一种是对非物质文化遗产具象元素的直接提取，也称具象转化；另一种是对抽象文化元素的间接转化，也称抽象转化。

1. 非遗具象元素的直接提取

具象元素是指没有经过抽象变形的，能与实物形态保持高度一致的图形元素。对非物质文化遗产的具象元素进行直接提取，以直观的方式激发民众对非物质文化遗产的识别和思考，快速地拉近非遗文化与大众之间原本存在的物理和心理距离。例如，"醒狮"书签设计（见图4-20）就是对广东佛山醒狮的元素运用，书签提取了狮头这个直观具象的元素作为书签造型设计，能让大家直接感受到佛山的醒狮文化。

图4-20 "醒狮"书签设计（设计者：何炜琪）

2. 抽象文化元素的间接转化

依照平面设计学中的概念，抽象作为动词是指设计者根据自身的内在思想和审美对客观事物的本质进行主观性的概括总结，并通过点、线、面等创意变化和组合对原有图形进

非遗文创产品设计的原则、思路及方法

图 4-21 开瓶器设计（广州美术学院张剑教授工作室学生作品）

行创新的过程。非遗文创产品设计通过突破固有的图案和造型设计，创造出创意丰富的产品，并且根据不同的文化元素与文化受众开发出更多新奇的、与观众产生共鸣且符合时代的文化产品。广州美术学院张剑教授工作室学生设计的西游记文创系列作品之开瓶器作品（见图 4-21），其造型以中国古代四大名著《西游记》中的人物角色为原型，运用现代简洁概括的设计法则，重新设计了极为抽象简洁的人物造型、色彩及图案。另外，每一款角色的造型都提取了其角色属性的经典特征，使抽象的图形元素在满足趣味性的同时拥有独特的内涵故事，向大众传达这些无形的文化内涵。

二、表达文化内涵

传统文化的意识形态往往相对抽象，包括人们精神信仰和价值观念的方方面面，通过人们具体的生活方式和行为习惯表现出来。非遗文创产品需要通过恰到好处的设计，创造富有创意的使用方式，引导人们的生活方式和行为习惯。传统文化熏陶下的生活方式和行为习惯可以作为创意设计所要达到的目标，这样的产品设计将具有文化上的内涵和深度，使产品真正富有魅力。

在日本，被指定为"国家传统工艺品"的"山形铸物"至今已有九百多年的历史，而希望将山形铸物承载的匠人精神与传统铸造器物之美融入现代生活方式之中的增田尚纪创立了"铸心工房"，其作品以日本文化为灵魂，以铸造品为载体，设计制造的日用品丰富了人们的生活，风格朴素，造型现代简约，质感稳重大方，获得了全球消费者的青睐。

作为日本传统文化代表的茶道，其使用的茶器多为山形铸造，铸心工房以茶道为核心进行设计，将传统茶道精神中要表达的孤寂和沧桑感展现得淋漓尽致，这让"山形铸物"与茶道紧密结合成为日本文化的代表形象之一，其作品真正将传统日本铸造之美与现代功能融于一体。图 4-22 是"铸心工房"茶壶设计。

图 4-22 "铸心工房"茶壶设计

非遗文创产品的设计方法

一、造型与功能创新设计

在实现产品基础功能的前提下,非遗文创产品的独特造型是吸引消费者的重要手段。随着时代的发展,传统的文创产品也迫切需要创新,在立意、新意的支撑下,各种材料可以幻化出许多独特的结构和形象。造型是产品设计的基础,非遗文创产品大部分价值主要体现在造型上,一个能够抓住人心理的造型比一个能抓住人眼球的造型更能够激发用户的认同感。

1. 造型创新设计

传统产品的造型主要是在点线面和构图上进行处理。现在比较流行的手法是通过造型实现二维空间和三维空间的转化,制作新颖的视觉效果,从而达到吸引消费者的目的。这种手法主要包括平面元素立体化、立体元素平面化、图形装饰化三种方式。

(1)**平面元素立体化** 平面元素立体化是指将平面形态转变为具有实际功能的立体产品,中国传统图形浩如烟海,可以通过拉伸、旋转成型等立体化手段来实现非遗文创产品的造型创新,还可以利用折叠平面纸张成形,将平面纸张转变为具有实际使用和装饰功能的非遗文创产品。

（2）**立体元素平面化** 立体元素平面化是指概括出常见的立体元素的平面造型，设计出有新形态和新功能的非遗文创产品。

（3）**图形装饰化** 图形装饰化是指提炼常见的三维物体的二维平面图，以其作为装饰元素，构成具有实际功能的非遗文创产品。

2. 功能创新设计

对非遗文创产品的功能重新配置，可能会让非遗文化焕发出新的生命力。通过造型设计，将实用功能和观赏功能相结合，这是让产品面貌焕然一新的有效途径，也是目前投资最小、见效最快的创意设计方法。非遗文创产品的功能创新可以通过改变产品的原有功能和用途从而创造出新产品，具体包括功能附加和功能替换两种设计手法。功能复加是指在现有产品上重复叠加两个或多个不同的功能，创造出有新形态和新功能的非遗文创产品。功能替换是指改变常见产品的功能，创造出具有新形态和新功能的非遗文创产品。

二、科技与材料创新

非遗文创产品要反映科技创新成果，及时将电子、材料等新成果应用于产品开发之中，使之为广大消费者服务。先进的科学技术是创意得以实现的前提条件。随着3D打印技术、VR（虚拟现实）技术的日益成熟，非遗文创产品的表现

非遗文创产品设计的原则、思路及方法

已经不是难题,这也使设计者能够大胆地进行想象,将产品创意发挥到最大限度。例如,2019 年在成都举办的中国成都国际非物质文化遗产节中的"非遗动漫沉浸体验展"上,观众戴上 VR 眼镜就能体验如何造纸、印刷;通过气味装置,就能闻到二十四节气的独有味道……这是一次跨越时空界限,感受丰富历史和未来景象的完美体验。

非遗文创产品科技创新还表现在材料的创新性使用上。材料决定着设计的方向。材料相当于绘画中的肌理,体现了设计师的感受力和整合能力。在很多情况下,我们通过改变原有材料和表面处理会产生令人耳目一新的视觉效果,创造出新的非遗文创产品。例如,中国台湾创意文具品牌"物外设计"的黄铜笔(见图 4-23),其主要材质为铜和铁刀木,精细切削的金属和朴拙的木材,无繁复的表面处理,所有的手感都来自材料本身的质感。值得一提的是,这两种材料是设计师特地挑选出来的,它们会随时间日益深沉,慢慢染上岁月的痕迹,这也是钢珠笔"书写的温度"这一概念的由

图 4-23 "物外设计"黄铜笔

来。钢珠笔的制作结合了中国台湾设计与传统产业技术，展示了中国台湾当地的生活文化。

除了上述非遗文创产品的创意方法，我们还可以通过改变产品体量的实际大小和比例而创造出新的非遗文创产品，具体包括放大和缩小两种应用方式。

三、题材与品牌创新

1. 题材创新

题材是指作品所反映的社会生活的某些领域、社会现象的某些方面。它是艺术家从广阔的现实生活中选择出来，并作为其作品所要描写的具体或抽象事物。社会生活决定了题材的广度，而作者个人的生活态度与价值观决定了创作题材的深度。

所以，非遗文创产品的创作题材内容应来源于生活，但高于生活，做到雅俗共赏，使观者与其产生共鸣。这不仅是传统工艺生存的需要，更是一种发展战略。自然和生活是目前艺术创作题材的源泉，对于同一种题材的作品，在创作数量上应进行控制，以避免题材与手法的单调化。例如，非遗项目中的广绣，无论是以过去传统的仕女图、宴乐渔猎、采桑习武等场景为题材，还是以今天的山水风景、人物肖像、名著故事为题材，基本都是以传统纹样为蓝本的取材应用，内容主要是描述现实或参照某一事物，缺乏创新力，这是该行业衰落的原因之一。文化应尊重传统，更应该对传统进行选择性汲取，不能一味沿用古代文人墨客的山水风光和花鸟鱼虫等题材，更需融入现代和时尚元素，以及实用主义的设计思想。纵观当下，我们可以看到，近代的国画早已突破创新，出现了很多新兴、抽象的题材，作为非遗文创题材的产品设计更应如此。

"越是民族的，就越是世界的。"我们对此要有正确的认识和理解。非遗文创产品的设计在题材方面不能被中国传统民间传说和名著寓言故事的条条框框所束缚，更不该一味地模仿原来的元素与题材，要独立于所依附的范畴。文创开发者需要站在纵观现代社会生活和生产的视角，通过艺术手段来表现作者想要宣扬的观念与艺术创作。对优秀的民间文化，并非弃之不用，而是要在挖掘中华优秀传统文化题材的基础上进行恰当的再创作，挖掘出能吸引广大群众的内容元素。将文创产品用非遗技艺的艺术语言表现出来，不仅关乎审美高低，还能提升人们的精神文化层次，起到一定的社会教育作用。

目前，非遗文创产品在国内鲜有现代题材的成功案例。即便有，内容也大多不够广泛或发掘的深度较浅。一个年轻的艺术种类注重原创表现，而一个古老的艺术种类注重创新表现，文创设计题材与表现内容也要与时俱进。非遗文创产品的设计应选择当代正能量和接地气的内容，以此来满足现代人的视觉和心理需求，使非遗工艺得以生存延续。

题材故事方面，非遗文化有很多历史传统故事作为创作题材，这些创作题材为人们所熟知，非遗传承人也在尝试用新时代的题材故事创作作品，例如《哪吒之魔童降世》（见图4-24）、《西游记之大圣归来》《大鱼海棠》《白蛇：缘起》等经典动漫作品。在非遗文化产品创新设计时，非遗传承人也应注重借鉴和发掘新的题材故事。

2. 品牌创新

品牌是现代经济发展的产物，它的作用相当于古代社会中工艺产品的口碑、印记和老字号，它是行业和企业核心竞争力的重要保障。传统工艺产品也需要拥有自己的品牌，可以利用地方传统工艺项目来打造特色品牌，同时利用品牌文化来提升当地传统工艺产品的竞争力。因此，对于非遗文创产品设计产业化的发展，品牌的建立与塑造更是不可或缺的。

图4-24 取材于非遗故事的优秀动漫《哪吒之魔童降世》

品牌是产品的价值所在，更是产品的本质、优势和特征的表现。此外，品牌还能从形象、感情、地位象征等方面来满足消费者的需求和期望。好的品牌不仅可以带给消费者深刻的直观感受，还能够促进产品在设计与生产中各方面工艺的可持续传承。根据产品的特性，打造具有民族精神内涵和地域文化特色的传统工艺产品，不仅可以满足大众的物质文化需求，还能加深消费者对该品牌及其背后的历史文化的了解，从而拓展更广阔的市场。图4-25是成都蜀绣文创品牌"绣兰道"及其蜀绣作品。

品牌文化营销是产品文化营销的延伸和拓展，它包括整个社会对品牌的信任和保护。品牌是行业和企业核心竞争力的重要标志，非遗文创产品同样需要品牌包装。非遗品牌文

非遗文创产品设计的原则、思路及方法

化营销利用地方非物质文化遗产进行品牌打造，再通过品牌文化来提升当地非遗文化品牌的竞争力，如北京景泰蓝、娇古苏绣、常州白象梳篦等。非遗文化创意产品具有高附加值、高收益性的特点，文化是品牌的灵魂，品牌是文化的载体，文化灵魂促使非遗品牌更为容易地让消费者产生价值的期许，从而增强品牌溢价能力。消费者愿意为一个富有文化内涵的非遗品牌支付更高的价格，如名人字画、文旅非遗产品、大剧院文化表演等。通过对非遗品牌非物质文化内涵的挖掘、传播，推进非遗文创产品产业链的完善，同时树立品牌意识，通过对非遗文创产品的品牌营销，创造出更丰富、持久的非物质文化市场价值。

图 4-25　成都蜀绣文创品牌"绣兰道"及其蜀绣作品

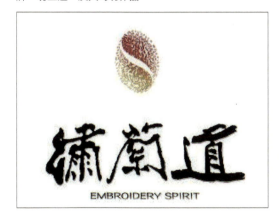

伍 非遗文创产品设计案例解析

"品物流形"产品设计案例解析

三位背景迥异的设计师在米兰相遇，2010年回到杭州余杭后，他们深度考察了当地传统和手工艺，并用各自的方式来解说，塑造了"品物流形"。设计师从中国传统工艺及材质中挖掘灵感，将一些古老的手艺和材质通过现代化的设计重现生机，并开拓新的可能。

一、纸品设计案例

1. "融"主题系列作品——飘椅Ⅰ（见图5-1）、飘椅Ⅱ（见图5-2）

设计师在油纸伞的糊伞工艺中找到了灵感，尝试利用糊纸的工艺做成可以支撑一个人重量的椅子，最后作品功能成功实现。

把皮宣纸糊上天然胶水，一层层糊在伞骨上，这是余杭纸伞的传统工艺。飘椅来源于设计师的一个大胆的想法，把宣纸做成椅子。飘椅利用了宣纸细腻的质感和韧性，使其既具备温暖的触摸感，同时又提供了非常好的支撑力。宣纸由安徽泾县宣纸作坊制作，糊纸的过程由设计师和余杭糊伞师傅一起完成。让人惊讶的是，本来柔弱的宣纸，在特定的工

非遗文创产品设计案例解析

图 5-1　"融"主题系列作品：飘椅Ⅰ

图 5-2　"融"主题系列作品：飘椅Ⅱ

艺下，具备了和实木同样的牢固度。

飘椅Ⅱ由飘椅Ⅰ演变而来，结合杭州西兴灯笼的传统手工艺，在纸与竹的共同作用下，大幅减轻了飘椅的重量，并具有更高的强度。这是"品物流形"制作的最薄的纸椅。

2. "融"主题系列作品——无（灯具）（见图5-3）

设计中利用竹框架的结构，赋予糊纸的工艺，力求达到如余杭纸伞般的轻韧。灯具采用了竹签进行整体框架（骨）的搭建，并对外部进行传统宣纸蒙皮（皮肤）的制作工艺，使框架与遮罩达到最佳的效果，灯具透露出天然的光线。

图5-3 "融"主题系列作品：无（灯具）

图 5-4 "融"主题系列
作品：云（花器）

3. "融"主题系列作品——云（花器）（见图 5-4）

在真实的自然界，没有两片叶子是完全相同的，这是自然造物的哲学。设计师采用了余杭地区传统造纸方式制成的纸张，这种纸可以帮助我们制作独一无二的花器，捞纸过程中的随机性创造了完美自然的艺术形态和丰富的色彩，没有了工业制造的气味，带来的是更多自然而然的感动。

4. "融"主题系列作品——乐堤花园（见图 5-5）

从杭州到米兰，从杭州的京杭运河到米兰的运河，从京杭运河边的柳树到米兰运河边盛开的紫藤，设计师用 15 张巨大的剪纸作品完成了这个空间上的穿越，基于中国传统剪纸技法，用当代的设计语言重新演绎了一幅立体的剪纸花园。

图 5-5 "融"主题系列作品：乐堤花园（剪纸作品）

二、竹品设计案例

1."旋"灯（见图 5-6）

在制作纸伞的过程中，设计师发现了一种工艺，即利用竹子长纤维的特性，配以特殊的竹子进行制作，达到利于造

图 5-6 "旋"灯

型的极致细丝。"旋",在生命的热流中绽放、舞蹈,自由不羁,坚韧的外在下散发着温柔和优雅的情怀。

2. "AIR" 椅(见图 5-7)

这是对中国传统竹编的特殊阐述,这个概念椅揭示了竹子的重量和强度的极限,其结果呈现出了一个轻质的、耐用的椅子。

图 5-7 "AIR" 椅

3. 圆（竹镜）（见图 5-8）

受传统竹管家具"包管"工艺的启蒙，将单一竹管借由立体切割达成造型的三种层次转换，三种截然不同的材料特质被浓缩于极简的单一物件上。这种制作工艺具有三个特征，包括：①竹管与竹节的硬度与重量（底座与竹节置物盘）；②竹片的加热可塑性（转折的渐变支撑）；③竹片的柔软弹性（镜框）。

4. 杭州凳（见图 5-9）

杭州凳由多层竹皮制成，小巧而简约。它很好地利用了竹皮材料的弹性特点，既为使用者提供了恰当的舒适感，也表达了杭州轻松而自由的气息。

图 5-8　圆（竹镜）

图 5-9　杭州凳

"上下"产品设计案例解析

"上下"（Shang Xia）是法国爱马仕（Hermès）与中国设计师蒋琼耳女士于2008年在中国携手创立的新品牌，致力于传承中国及亚洲其他国家精湛的手工艺，通过创新使其重返当代生活。作为当代中国高尚生活品牌，"上下"打造着一个传承中国文化及复兴传统手工艺的梦想。

一、竹编设计案例

几千年来，竹编用品广为流行。宋明两代，竹编的用具开始呈现多样化。如今，手艺人对传统竹编工艺进行大胆革新，创造出许多新的竹编技艺。

1."桥"系列白瓷茶具（见图5-10）

该产品设计中开发了一种新的编法：竹丝扣瓷。它在传统瓷胎竹编的肌理上做了完全不一样的创新。瓷胎竹编，以瓷器器皿为胎，用纤细的竹丝、柔软的竹篾，紧扣瓷胎，胎弯竹弯，依胎成形，竹丝和瓷胎浑然一体。

此套茶具设计制作中使用了源自古代传统器型的桥形钮，与壶的造型完美融合。采用竹丝扣瓷工艺，将白瓷与

图 5-10 "桥"系列白瓷茶具

精巧的竹编工艺结合，工人把竹子劈成不到 0.5mm 的细丝，再精心编织覆盖到茶具表面（见图 5-11）。"桥"寓意"联系"，因茶而欢聚，暖意融融，是联系家人和好友的纽带。好友见面，一期一会，品茶更是品竹，一抹茶香，一缕芬芳。

2. "桥"系列竹丝扣瓷手镯（见图 5-12）

这款手镯以竹丝扣瓷工艺把这两种材质联结在了一起。创作了独具个性的风格。手镯散发着竹特有的质朴和典雅的气息，工作中佩戴起来也不失优雅与知性。

图 5-11 双线交叉走丝工艺

图 5-12 "桥"系列竹丝扣瓷手镯

采用同样工艺的作品还有"清影"系列竹丝镶嵌灯屏（见图 5-13）等。

二、羊毛毡设计案例

游牧人最古老的发明之一是制作厚实的毡子的工艺。他们用毡子装饰布置房间、制作衣物及厨房用具。极富巧思的设计师配合技艺娴熟的匠人，将原先游牧民族用羊毛制作蒙古包的工艺，用来制作羊绒毡服，一整件衣服，没有拼

图 5-13 "清影"系列竹丝镶嵌灯屏

缝，没有针脚，宛若天成（见图5-14）。让轻柔似云的团状山羊绒蜕变成一件合衬体型的衣裳，全过程不需要一针一线，全靠一双巧手（见图5-15）。

图5-14 "雕塑"系列女士羊毛外套

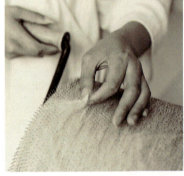

图5-15 羊毛毡工艺

"看见造物"产品设计案例解析

"看见造物"是传承中国造物智慧的原创设计平台,倡导"上乘非奢侈"的精神,汲取多种材质和手工艺精华,集结国内外卓著的设计力量,并与手工作坊联合打造,致力于对中国传统材质与工艺的当代诠释及应用,呈现了较多代表性的产品设计方案。

一、黑陶设计案例

"看见·黑陶茶盘"(见图5-16)是"看见造物"为中国传统材质黑陶特别定制的设计作品。茶盘表面平整大气,实则具有向中央滤水处微倾的细致弧面,以集中水流方向。环保创新、已获专利的排水方式独具一格,以棉线与陶锤代替传统茶盘的塑料管,排水时以陶锤牵引顺棉线而下,降至底部的黑陶水罐深处,在视觉上形成仿若结冰的水柱,一并解决了塑料水管外观不雅和排水噪声的问题。

设计的灵感来自云南香格里拉尼西藏族村村民堆叠柴薪的方式与噶丹·松赞林寺屋顶的排水系统。将当地村民摆放柴薪的造型应用于茶盘中央的滤水处,象征柴薪的三角柱过

图5-16 看见·黑陶茶盘

滤茶水,并防止阻塞,视觉上呈现错落有致、返璞归真的美感,为使用者带来沉静、优雅的品茗气氛。

二、榫卯设计案例

"看见造物"品牌主要以传统木铜工艺进行制作,其作品"看见·听园提盒"(见图5-17)由设计师沈宝宏设计,以厚实箱体为基,以空旷木枝为展,于收放之间,秉承写意手法,接纳生活之美,带来优雅从容的江南风情。"看见·听园提盒"采用了传统的"弯料指接"榫卯工艺,使木与木自然结合,突出表现了木材本身的美和人的工艺智慧。盒中的半圆转盘采用了暗阁内镶的紫铜轴承,力道贴合,质感十足。紫铜件均为手工制作,与头层纯小牛皮绷起,在富有光泽的铜色中,能感受到金属的质感,又饱含生活的温度。该系列所有作品均经过数次打磨与固定成型,长期使用不会出现开裂或变形。

图5-17 看见·听园提盒

师生设计案例

案例一：广绣在服饰品中的设计案例

广绣作为非物质文化遗产，早在明代就有"广纱甲天下"之称（见图 5-18）。将广绣与围巾结合，将传统刺绣色彩单一、构图细腻但缺乏立体感的缺点摒除，结合国家级广绣技艺传承人陈少芳老师独创的"丝线色彩构成法"，采撷了光影变幻的特征，将设计的图案灵动地呈现在了围巾上。在以羊毛为基底的围巾上，图案中的叶脉丝丝可见，同

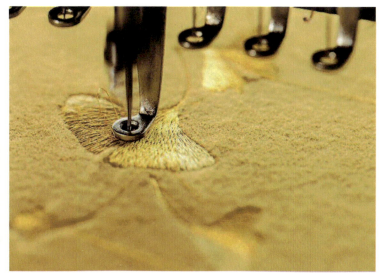

图 5-18 非遗广绣围巾（设计者：广州工程技术职业学院谭展鹏－黄敏健广绣技能大师工作室）

时，此设计又能结合谭展鹏大师机绣的研究成果，在此基础上进行批量化生产，创作出更加符合现代产业化需求的商品。比起纯粹的手工艺绣制，这种机绣绣法的丝线更稳定扎实，不易勾线和松线，保留了广绣的优良技艺（见图 5-19、图 5-20）。

图 5-19　广绣围巾设计一
（设计者：广州工程技术职业学院谭展鹏－黄敏健广绣技能大师工作室）

非遗文创产品设计案例解析

图 5-20　广绣围巾设计二（设计者：广州工程技术职业学院谭展鹏－黄敏健广绣技能大师工作室）

案例二：坭兴陶元素在首饰中的设计案例

1."碧水清荷"系列首饰（见图5-21）

该系列首饰在设计中采用坭兴陶为主要装饰元素，以及赋予金属质感的项圈。现代工艺的项圈主体由铜制作而成，传统文化元素的吊坠材质为坭兴陶，整体效果古朴又不失现代设计的极简之美。吊坠正面为绽放的荷花，背面为吉祥纹样，在浮雕的雕刻手法装饰下，展现出了高洁、吉祥的美好祝愿。作为首饰，其造型设计摆脱了饰品市场传统的形态，是传统技艺与时尚造型的融合，具有创新性，符合非遗文创产品的设计定位，可在饰品市场、旅游工艺品市场销售。

2."凤祥壮韵"系列首饰（见图5-22）

该设计采用坭兴陶为主要装饰元素，搭配镀金工艺，整体效果古朴又不失现代设计的极简之美。吊坠主要以壮锦、凤

图5-21 "碧水清荷"系列首饰（设计者：任慧敏、张彰）

图 5-22 "凤祥壮韵"系列首饰（设计者：任慧敏、张彰）

凰为纹样，在浮雕的雕刻手法装饰下突显了民族传统文化的元素。每款均以平安扣的环形结构作为基本造型，环形中空搭配同轴旋转的设计，寓意如意平安、财源滚滚的美好祝愿。

3. "花山魂"旅行茶具套装（见图 5-23）

该设计以一壶两杯的形式进行设计，采用茶道艺术为切入点，重构了壮乡铜鼓与花山岩画的纹样，使用木嵌铜的工

图 5-23 "花山魂"旅行茶具套装（设计者：任慧敏、张彰）

艺将器型、材料、图案与设计理念完美结合，打造了一款实用性和文化特征相得益彰的非遗文创产品。温润的坭兴陶、古朴的黑檀木，采用精致的传统镶嵌工艺，不但美观，而且隔热。壶身与杯体上下叠放时完美吻合，方便携带收纳，是旅行必备之佳品。

4．"秤心如意"壶（见图5-24）

该设计采用锥形和等边三角形等极简的形态，不施雕琢，极具视觉冲击力。黄铜的使用，让使用更舒适，还与古朴的坭兴陶进行了一次跨界融合。对称的造型看似天秤，故起名"秤心如意"壶，寓意是欣赏者能愿望成真、心满意足。

图5-24 "秤心如意"壶
（设计者：张彰）

非遗文创产品设计案例解析

案例三：苏州园林元素在首饰中的设计案例
（苏州工艺美术职业技术学院学生作品案例）

苏州园林的特点是在有限的空间里，通过叠山理水、栽植花木，配置园林建筑，并用大量的匾额、楹联、书画、雕刻、碑石、家具陈设和各式摆件等来反映古代哲理观念、文化意识和审美情趣，从而形成充满诗情画意的文人写意山水园林，使人"不出城廓而获山水之怡，身居闹市而得林泉之趣"，达到"虽由人作，宛若天开"的艺术境地。

本系列设计案例（见图5-25~图5-31）取材于苏州园

图5-25 "北塔千檐"耳环设计

"北塔千檐"

设计元素取自苏州报恩寺塔，
俗称"北寺塔"，八角九层，覆宇重檐，
有"吴中第一古刹"之誉。
层叠勾勒出塔影的壮丽，
赋予了雨飞千檐、泽被万家的诗意象征。

图 5-26 "凭栏意"吊坠设计

"凭栏意"

设计灵感提炼自苏州拙政园里的一处小景，
营造出"亭畔曲桥流水，凭栏翠幌鸟鸣"的诗意境界。

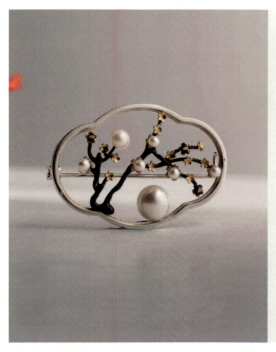

图 5-27 "梅花窗下月"胸针设计

"梅花窗下月"

设计元素来自园林里的海棠形花窗窗景，
庭有梅花窗有月，大小相间的圆珠，
呈现出星稀月影低的诗意画面。

非遗文创产品设计案例解析

"窗外一枝斜"

元素取自园林里的扇形花窗窗景,营造了疏竹窗深待月的诗意境界。

图 5-28 "窗外一枝斜"胸针设计

"瓶兰"

设计元素取自园林里的瓶窗窗景,一座玲珑的太湖石,足以包蕴山水之胜,一株清幽的兰花,借以传达隐逸之思。

图 5-29 "瓶兰"吊坠设计

非遗文化创意产品设计

图5-30 "半窗云月"吊坠设计

"半窗云月"

花窗往往饱含着苏州园林文化的内涵，
园林主人寄寓其间的情怀，
任凭弱水三千，我只取一瓢饮，
满城锦绣，不如半窗云和月。

图5-31 "平分风月"耳环设计

"平分风月"

灵感源于园林里的海棠形花窗，
红白二色点缀，花窗一分为二，
赋予了"平分风月，却共清香"的诗意内涵。

林的代表元素，通过直接或间接的设计表达手法将其应用于珍珠首饰的设计中。

以上师生作品案例，结合了中国非物质文化遗产的中国四大名绣的广绣技艺，运用了中国四大名陶的广西钦州坭兴陶制陶工艺，提取了被收入《世界遗产名录》的苏州古典园林的典型建筑元素，通过文化创意产品设计思路以及方法，深入挖掘了传统文化的内涵，同时又合理地将其与现代产品的实用性相结合，完成了非遗文创产品的设计过程。他们在努力探索运用传统工艺技术的同时结合现代的生活方式，设计制作产品，使传统和现代真正融合。

因此，对于非物质文化遗产在产品设计中所呈现的意义，正如创意文具品牌"物外"创始人所说，文化是人与时间糅合而成的一种关系，是一种不会刻意被强调但确实存在的东西。不管在什么样的环境中，因为本身的养分与文化而自然地创造出来的作品，都会是很好的产品。

参考文献

[1] 孙悦. 地域文化元素在文创产品设计中的转化研究：以浙江湖州为例[D]. 上海：上海师范大学，2019.

[2] 韩慧. 论"非遗"品牌形象创新设计中的地域文化融入[D]. 济南：齐鲁工业大学，2019.

[3] 徐艺乙. 手工艺的文化与历史：与传统手工艺相关的思考与演讲及其他[M]. 上海：上海文化出版社，2016.

[4] 邓尧. 传统守望：非物质文化遗产知识产权问题调查与研究[M]. 广州：广东人民出版社，2018.

[5] 杜金玲. 徽州非物质文化元素在旅游文创产品设计中的运用研究[D]. 天津：天津工业大学，2018.

[6] G20杭州峰会国宴餐具 创意凸显西湖韵[EB/OL].（2016-09-09）[2022-01-05]. http://news.163.com/16/0909/15/C0HHHF9B000146BE.html.

[7] 沈婷，郭大泽. 文创品牌的秘密：从创意、设计到营销[M]. 南宁：广西美术出版社，2019.

[8] 广州市非物质文化遗产保护中心. 广绣教程[M]. 北京：人民出版社，2017.